家庭环境
对学生就业认知影响研究
——以新疆地区高校为例

张 明 张继珍 冯 洁 著

九州出版社
JIUZHOUPRESS

图书在版编目（CIP）数据

家庭环境对学生就业认知影响研究：以新疆地区高校为例 / 张明，张继珍，冯洁著 . -- 北京：九州出版社，2020.6

ISBN 978-7-5108-9180-9

Ⅰ . ①家… Ⅱ . ①张… ②张… ③冯… Ⅲ . ①家庭环境 – 影响 – 大学生 – 职业选择 – 研究 – 新疆 Ⅳ . ① G647.38

中国版本图书馆 CIP 数据核字（2020）第 101860 号

家庭环境对学生就业认知影响研究：以新疆地区高校为例

作　者	张 明 张继珍 冯 洁 著
出版发行	九州出版社
地　址	北京市西城区阜外大街甲 35 号（100037）
发行电话	（010）68992190/3/5/6
网　址	www.jiuzhoupress.com
电子信箱	jiuzhou@jiuzhoupress.com
印　刷	北京亚吉飞数码科技有限公司
开　本	787 毫米 × 1092 毫米　16 开
印　张	15.25
字　数	204 千字
版　次	2021 年 3 月第 1 版
印　次	2021 年 3 月第 1 次印刷
书　号	ISBN 978-7-5108-9180-9
定　价	86.00 元

前　言

当前,我国高校大学毕业生人数逐年增加,就业形势十分严峻,大学生的就业问题日益凸显,尤其是地处我国西北边陲的新疆,同样面临高校毕业生就业难的问题。

习近平总书记强调,"做好新疆工作是全党全国的大事,必须从战略全局高度,谋长远之策,行固本之举,建久安之势,成长治之业"。就业是最大的民生工作,高校大学生的就业问题牵动千万个家庭的心,关系到新疆高等教育前进和改善的方向,关系着新疆的经济发展和社会稳定的大局。

高校毕业生是高水平、高层次的人才,在就业群体中具有特殊性。就业认知是高校学生就业活动的起点,个体只有在对自身的角色定位、现实评价和行动意愿认识清楚的基础上,才能对自己的就业单位、就业地区以及就业月薪等形成一定的就业期望并付诸就业实践。而当今社会高校毕业生就业难的问题日益突出,毕业生的就业认知直接关系着毕业生就业工作实施的成效。

开展家庭资本对新疆高校学生就业认知影响研究,有利于厘清新疆高校学生就业认知存在的盲点和缺陷,分析其就业观的家庭资本因素,针对学生就业认知存在的问题提出相应的对策和建议,有利于提高新疆高校毕业生就业率和就业质量,优化新疆经济社会发展的人力资源配置,推动新疆地区经济社会的稳定和长治久安。新疆地区毕业生就业观的现状是多种因素综合作用的结果,错综复杂,解决这些问题,需要家庭、高校、社会等多方面综合发力,形成合力,但是问题的解决最终要从毕业生自身出发,以经济社会需求为导向,转变就业观念,合理定位自己,切忌就业观的盲目性和空乏性,通过自身的努力和奋斗,实现职场的成功,最终实现自身价值。

作　者

2020 年 3 月

目　录

第一章　大学生就业问题的提出

第一节　研究背景

一、经济背景

就业是民生之本,就业问题关系到每个人的切身利益和生存问题。新中国成立以来,我国一直维持着"低工资、高就业"的劳动用工政策,保持着高就业率,丰富的劳动力供给为我国的经济增长做出了巨大的贡献。尽管劳动力的供需矛盾没有暴露出来,但也一直承受着劳动力的供给压力。改革开放以后,随着劳动力市场的逐步形成和市场机制的作用,劳动力的供需矛盾逐渐显现。虽然在过去的几十年里,我国成功地实施了计划生育政策,有效地控制了人口增长势头,但是由于我国的人口基数庞大,以及人口增长存在着惯性,在未来的几十年里,我国的劳动人口仍将继续增长。在今后的经济发展过程中,如何缓解劳动供需的矛盾,确保经济的稳定持续增长,是我国面临的一个非常严峻的问题。 按照经济学传统观点,一国或地区的经济增长是技术进步、资本积累和劳动力增加等因素长期作用的结果。世界各国经济的发展史也表明,就一国的长期总量生产函数而言,经济增长与就业增长一般是正相关的,无论是处于竞争均衡的发达工业化国家还是处于结构转型的发展中国家的经济进程都证明了经济增长与就业增长之间的这种关系。可见,解决劳动力就业问题的基本前提是经济增长。

2019 年是新中国成立 70 周年，是决胜全面建成小康社会、实现第一个百年奋斗目标的关键之年。这一年，外部风险挑战明显增多，国内经济下行压力持续加大。面对内外矛盾叠加的复杂局面，在以习近平同志为核心的党中央坚强领导下，全国上下深入贯彻落实党中央、国务院决策部署，我国经济运行总体平稳、稳中有进，主要预期目标较好实现，全面建成小康社会取得新的重大进展。据《中华人民共和国 2019 年国民经济和社会发展统计公报》：初步核算，2019 年我国国内生产总值 990865 亿元，按年平均汇率折算达到 14.4 万亿美元，稳居世界第二位；人均国内生产总值 70892 元，按年平均汇率折算达到 10276 美元，首次突破 1 万美元大关，与高收入国家差距进一步缩小。经济增速在世界主要经济体中名列前茅。2019 年，我国国内生产总值比上年增长 6.1%，明显高于全球经济增速，在经济总量 1 万亿美元以上的经济体中位居第一；对世界经济增长贡献率达 30% 左右，持续成为推动世界经济增长的主要动力源。

新中国成立 70 年来，新疆经济社会发展实现了历史性跨越，国民经济持续快速增长，经济总量连上新台阶，人民生产、生活水平发生了翻天覆地的变化。随着"一带一路"新丝绸经济带的建设，新疆地区因其优越的地理位置，逐渐成为东西方经济文化交叉口。外商投资方式也日趋多样化，投资环境渐趋丰富，新疆与国际间的经济交流与合作进一步加深，但是同东部经济发达地区相比较，新疆地区抗风险能力较弱，在金融危机中可能受到更大的影响。

新疆作为我国面积最大的省份，国土面积占全国的六分之一，开发新疆建设新疆，使新疆在 21 世纪成为我国经济发展的一个重要支点，是一项宏伟的社会系统工程，内涵远远超过一个局部地区经济发展的范围，直接关系到国家边疆的建设、国防安全、民族团结、各民族共同繁荣的实现等重大政治内容。但我们也应当看到，由于历史地理自然以及国家经济发展战略的变动等主客观因素的影响,新疆经济发展还存在诸多制约因素。

（一）国内市场的变化对新疆发展战略的影响

中西部地区要积极适应市场经济的要求,大力发展资源型加工工业,提高加工深度,使资源优势转化为经济优势,发展各具特色的优势产业。为此,国家还具体提出了优先在中西部地区安排资源开发和基础设施建设项目等一系列措施,这种经济发展向西部倾斜的政策,对新疆的发展将起到很大的促进作用。但也必须看到,20世纪90年代以来随着我国经济的迅速增长,工业发展由原来的短缺经济转入过剩经济,现在全国短缺商品已经很少,据统计不到3%。更为严重的是工业产品的过剩正逐渐向资源及其他能源产品延伸。新疆是能源基地,也是资源型省区。在原有计划发展战略上,我们一直很重视把资源优势转换为经济优势,中央也一直提倡高耗能源料产业向西部转移,新疆也把这类产业的发展作为经济快速发展的机遇,从现在看,新疆立足于资源优势以资源禀赋为中心的原有传统化战略利益将受到严重的挑战,需要我们进行重新评价并进行适当的调整。

（二）财政金融形势严峻

面对错综复杂的宏观经济环境和艰巨繁重的改革发展任务,新疆维吾尔自治区党委、人民政府团结带领全区各族人民,始终坚持以社会稳定和长治久安总目标为引领,坚持稳中求进工作总基调,牢固树立和贯彻五大发展理念,主动引领经济发展新常态,积极推进供给侧结构性改革,着力创新宏观调控,奋力激发市场活力,努力培育创新动力,国民经济在新常态下平稳运行,结构调整出现积极变化,民生事业持续改善,经济社会持续稳定发展。经国家统计局统一核算,2019年新疆实现地区生产总值13597.11亿元,按可比价格计算,比上年增长6.2%。其中,新疆第一产业增加值1781.75亿元,增长5.3%；第二产业增加值 4795.50 亿元,增长 3.7%;第三产业增加值 7019.86 亿元,增长 8.1%。2019 年,新疆居民消费价格(CPI)同比上涨 1.9%,低于全国平均水平(2.9%)1 个百分点,在全国列(31 个省、区、市由高到低排序)第 31 位。2019 年新疆全体居民人均可支配收入 23103 元,同比增长 7.5%,扣除价格因素,实际增长 5.5%;就业稳定,城镇新增就业 48.09 万人,转移就业农村富余劳动力 286 万人;全年 64.5 万贫困人口脱贫、976 个贫困村退出、12 个贫困县摘帽,贫困发生率降至 1.2%。

但是也应清醒的看到,受产业结构影响、区域位置等原因影响,高精尖的龙头企业相对较少。

（三）市场发育程度低的制约

世界各国的发展经验也表明,经济增长与就业增长一般呈正相关关系。大学生就业受经济发展因素的影响,如何解决新疆高校毕业生就业问题,树立正确的毕业生就业观,成为一个摆在人们眼前的经济问题。虽然近年来,新疆的改革和发展取得了比较大的成就,然而在培育市场,完善市场体系方面还存在着一定的不足,企业的发展与市场经济要求在一定程度上还存在不协调的现象,与市场化的改革不相适应,导致市场体系不完善、不发育、规模小,对外开放的程度低。这些都从一定程度上会影响新疆高校毕业生的就业。

二、教育背景

就业是最大的民生。习近平总书记在党的十九大报告中提出了"提高就业质量和人民收入水平。要坚持就业优先战略和积极就业政策,实现更高质量和更充分就业。大规模开展职业技能培训,注重解决结构性就业矛盾,鼓励创业带动就业。提供全方位公共就业服务,促进高校毕业生等青年群体、农民工多渠道就业创业。破除妨碍劳动力、人才社会性流动的体制机制弊端,使人人都有通过辛勤劳动实现自身发展的机会"等一系列新任务、新要求,为当前和今后一个时期高校毕业生就业工作指明了方向。2014 年 5 月 28 日至 29 日在北京举行的第二次中央新疆工作座谈会上,习近平总书记指出,要坚持就业第一,增强就业能力。李克强总理也强调,就业是新疆最大的民生问题,以增加就业为重点,加快改善民生,促进社会稳定。如何理解和对待大学生就业,是新疆未来的发展必须回答的问题。21 世纪进入了知识经济时代,掌握知识和运用知识能力的高低,掌握一定知识与技能专业人才的多寡在一定程度上影响着本地区经济的发展。

当前我国的高等教育随着高校地不断扩招,正从精英教育向大众化教育转变。但是与此同时,高校毕业生待就业难的现象也频繁出现了。培养人才是高等教育的根本使命,服务社会是高等教育职能的延伸。综合来说,高等教育的职能之一是培养人才以推动社会的发展。教育是一个国家兴盛、民族振兴和社会经济进步的基础,提高国民素质,促进人的全面发展的根本途径就是教育,就是培养人才,它肩负着立区、兴区、强区的重任。而新疆地区教育工作与新疆经济和社会发展相脱节的问题日趋严重,培养的劳动者和人才的素质不能满足社会主义市场经济的需要。当高校毕业生走出象牙塔,步入社会,面对日趋激烈的就业竞争力和庞大的就业压力,应该根据自身的条件和现实需要树立正确的就业观。

21 世纪进入了知识经济时代,掌握知识和运用知识能力的高低,掌握一定知识与技能专业人才的多寡在一定程度上影响本地区经济的发展。"一带一路"倡议的核心是发展经济,发展经济的根基在于"民心相通",做到"民心相通"需要有个抓手,这个抓手就是教育。高等教育最主要的使命是不断地为社会提供高素质的人力资源,培养科技创新人才。作为"丝绸之路经济带核心区",新疆的高等教育就要为社会提供高素质人才,以促进新疆经济的增长。

根据《2018 年新疆维吾尔自治区教育事业发展统计公报》

信息,2018 年,新疆维吾尔自治区普通高等学校和成人高等学校共 51 所,其中:普通本科院校 13 所,独立学院 5 所(不单独计校数),高职(专科)院校 32 所,成人高等学校 6 所。全区共有研究生培养单位 11 个,在读研究生 23807 人,比上年增长 11.62%;其中博士生 1544 人,比上年增长 11.97%;硕士生 22263 人,比上年增长 11.59%。全区普通本专科在校生 37.49 万人,比上年增长 8.35%;高等教育毛入学率达 42.07%,比上年提高 2.25 个百分点。

在自治区党委的正确领导下,新疆高等教育实现了跨越式发展,新疆高校大学生为新疆区域经济发展提供了大量的高素质人才,但面对新时代、新挑战、新使命,也逐渐显露出一些突出问题,主要表现为:人才培养的中心地位和本科教学的基础地位还不够巩固;教育理念和东部沿海发达地区相比相对滞后,对教育规律的把握与遵循不足;专业布局与结构对经济社会发展需要的适应性不够,特色发展不足;人才培养模式改革未能全面推进,产教科教融合度不高,实践教学和能力培养仍是突出短板,创新创业教育较为滞后;人才供给无论是结构还是质量,都不能充分满足经济社会发展的需要。

三、社会背景

就业是民生之本,关系着人民群众的切身利益,关系着改革、发展和稳定的大局。在第四次支援新疆工作会议上中央政治局常委、全国政协主席俞正声强调"一定要千方百计把就业搞上去,通过实施就业优先战略、产业发展、增加企业就业、加强政策支持和就业服务、热情支持新疆少数民族群众到内地就业,不断拓宽新疆特别是南疆少数民族群众的就业渠道"。为实现新疆"跨越式发展和长治久安"的目标,把促进就业放在经济和社会发展更加突出的位置就成为自治区党委和政府抓好就业工作的重要内容。

（一）新疆当前就业存在的主要问题

（1）劳动力市场供求矛盾突出。当前,新疆劳动力资源总量供给持续增加。新疆每年要面临新增劳动力资源主要有四大块:一是新增毕业生;二是农村新增转移劳动力;三是外来劳动力的大量流入;四是国有企业下岗职工按规定退出领取失业保险金的劳动力和国有企业新增的减员人数。新疆劳动力供大于求的矛盾将日益突出。

（2）劳动者素质与就业需求不相适应。传统产业就业机会减少,而新兴技术产业所需的善经营、会外语、懂电脑、有技术专长的人才又很缺乏,劳动者的就业观念、职业技能还远远不能适应市场就业的需要,因而出现了结构性失业现象。主要表现在:一是专业技术人员特别是熟练技术工人缺编严重。二是劳动力结构中低素质劳动力所占的比重较大。

（3）高校毕业生尤其是少数民族高校毕业生就业问题仍然存在。一是毕业数量持续走高。新疆高校自扩招以来,少数民族大学生就业群体数量增加;二是就业岗位有差异。少数民族大学生毕业后大都留在新疆区域就业,受区域经济发展、地域等因素影响,能够满足毕业生心仪的就业岗位有限;三是少数民族高校毕业生就业观念有待提升。受传统观念、风俗习惯等影响,部分少数民族毕业生就业主动性不强,就业观念存在偏差,热衷于党政机关、事业单位。

（4）第三产业吸纳劳动力就业的能力相对较低。新疆的第三产业结构在服务业所包括的 44 种行业中,餐饮、旅游等低端行业发展较快;而金融、物流等现代高科技服务业发展相对滞后,第三产业吸纳劳动力就业的水平有待进一步提升。

（二）新疆高校大学生就业存在问题的原因

新疆当前就业问题是由多方面原因造成的,既有体制方面的原因,也有历史等多方面的原因。就高校大学生群体而言,高校就业困难毕业生就业难的原因是多种因素综合的结果。这既与经济社会发展的大环境息息相关,同时和高校的人才培养、用人单位的人才需求机制、家庭环境的影响以及毕业生个体相联系。

(1)社会环境的影响。自 1999 年高考扩招以来,我国高校毕业生呈逐年上升趋势。当前我国经济社会发展正处于转型期,劳动力供需矛盾影响到高校毕业生,就业岗位和专业需求存在一定的不平衡。据了解,新疆某高校每年举办 200 多场宣讲会,但是企业以建筑类行业居多,需求以土木工程、机电类学生为主,致使其他专业学生在求职中面临较大压力。同时,新疆距离内地省份较远,很多毕业生选择回家就业,在时间上往往选择毕业后回家找工作,错过了疆外家乡求职的黄金时间。

(2)高校就业指导服务因素随着新媒体技术的发展,对于高校就业指导服务工作提出新要求。首先,目前高校就业工作中,利用传统媒介推送就业信息居多,不能满足网络化时代的毕业生诉求。其次,就业指导课程没有完全发挥功能作用。学生对于职业生涯规划课程往往应付了事,尤其是就业困难学生对于职业规划表现出茫然的状态。最后,就业指导队伍有待于进一步优化。高校就业指导人员往往是行政人员为主,或者与就业指导关系度密切的老师较少、校外指导人员缺少等。

(3)家庭教育因素。受传统家庭教育的影响,很多就业困难毕业生在实际找工作过程中往往受到父母意见的影响较大。毕业生在择业过程中,经常出现受父母的影响改变就业意向的情况;家庭对毕业生的期望仍然限于公务员、事业单位、国有企业等这些传统观念中的"铁饭碗",对于互联网等新生的行业、销售等岗位存在一定的误解,这也从一定程度上影响毕业生错过择业黄金期,从而导致个体的"就业难"现象。

(4)学生个体因素。随着我国经济社会的转型发展,高校毕业生就业渠道日益多元化,新职业层出不穷,尤其是"95 后"毕业生,出现"慢就业""闪辞"等现象。他们的思想观念、价值观日益多元化,在求职过程中,表现出多元的诉求。如调查数据显示,就业困难毕业生在校期间实践经历较少,对于职业生涯缺少规划,专业基础薄弱,对于未来职业发展没有做好求职准备,受父母影响较大,对于自己未来的职业发展缺少主动性,没有良好的职业观和择业观,因此,在求职中出现问题。

第二节 国内外研究现状

一、国外研究现状

国外相关研究起步较早,家庭资本概念最初来源于社会资本理论,法国著名的社会学家 Bourdieu 对家庭资本的概念进行了初步的界定,他认为:"社会资本是现实或潜藏资源的集合体,是一种体制化的持久关系网络。"Bourdieu 在《资本的形式》一书中将家庭资本进行了划分:经济资本、文化资本以及社会资本,随着研究的深入,后期将符号资本添加进入。美国社会学家科尔曼(Coleman)则指出社会资本是为个人所拥有,表现为社会结构资源的资本财产,其主要形成并存在于人际关系网络和结构网络之中,并为内部成员的行动提供便利,他认为:"家庭资本内涵宽泛,是社会资本的一部分,涵盖父母职业、社会地位、经济条件和受教育水平等,凡是个人占有的,阐扬在人际关系中的,并为个人行动提供便利的都可视作家庭资本。"与 Bourdieu 划分方式有所不同,Coleman 把家庭资本具体分为经济资本、人力资本和社会资本三种,经济资本是有形资产,通过家庭收入预测,人力资本通过父母受教育水平衡量,而社会资本则对前两者有促进作用,影响子女教育成就,并且三种资本在一定条件下可以相互促进、彼此转换;普特南(Putnam)把社会资本的内涵从微观研究领域扩展到了宏观领域,他认为社会资本是社会组织的特征,它能够通过推动协调的行动来提高社会效率的信任、规范以及网络。

嵌入社会关系网络中的资源会生成社会资本,理性个体会攫取并利用这种生成的资本,从而使理性个体受益,进而促进理性个体行动的成功,说明社会关系网络中生成的社会资本提升了行动的效果。在劳动力就业市场中,相关的就业信息和就业机会通过个体所拥有的社会关系网络进行传播,从而解决了就业市场中搜寻者与信息发布者之间信息不对称的问题,让就业信息得以有效地传递,搜寻者就会获得自己需要的信息。因此在个体求职的过程中,需要重视社会资本的重要作用。

1967年社会学家布劳和邓肯就在《美国职业结构》提出布劳-邓肯地位获得模型,探讨当时美国社会中家庭出身背景(家庭资本)与教育获得、职业获得的相互关系。他的主要研究结论是:"第一,父亲的教育水平对儿子毕业后的初值和现职均无直接影响,但通过'父亲职业地位'和'儿子教育获得'两个因素实现间接影响;第二,父亲的职业地位对儿子毕业后的初职和现职有显著性直接影响。布劳和邓肯对职业地位获得研究的理论贡献巨大,主要体现在以下几个方面:一是在社会流动研究中提出了'社会地位获得'这一概念,并引起了学者的广泛关注;二是对当时美国社会中职业地位获得的先赋性因素和获致性因素进行了实证研究,开创了崭新的研究领域;三是采用了'路径分析研究方法',从而奠定了这一领域定量研究的基础。"自布劳和邓肯提出"地位获得模型"理论以后,各国学者纷纷开展实证调查,但主要集中在家庭资本对高校学生社会地位获得影响的研究方面。LinNan&Ensel、Vaughn, Barbieri等学者对欧美社会实证研究发现,父母的职业地位与教育水平对子女首次工作或当前职业获得具有显著性正向影响;HsungRay、May&Sun通过对亚洲国家的研究发现略有差异,对子女的职业地位,尤其是首次职业获得具有显著性影响的是父亲的教育和职业地位。

英国学者艾伯特(Albert Rees)、韦恩(Wayne Gray)深入考察了家庭背景对学生就业行为的影响,认为应该分析父母工作的类型及行业、父母的学历等来判断父母的能力是否对其子女就业产生影响。他们据此建立模型,研究得出一般家庭背景对青年就业行为无明显影响;政府转移收入(福利、社会保障等)对就业行为影响甚小;即使衡量家庭背景和劳动力市场条件的观察变量被控制后,同胞之间的就业行为有显著相关性影响。

家庭背景对高校学生就业行为影响的相关研究,都有较一致的结论。Ronald Nyirongo 指出家庭背景和已有成就会影响学生的教育期望、能力培养、努力程度(对以后的成就会有影响)等,家庭背景对学生就业有显著影响;Sabrina 发现家庭对学生的经济资助会显著影响学生的就业行为,家庭所给予的经济资助数量对学生参加工作会产生消极的影响;Moerbeek、Ultee、Flap & Barbieri 研究了欧美国家的家庭,发现家庭背景因素中父母的教育水平和工作地位显著影响其孩子的职业获得(包括第一次的工作与当前的工作);Hsung、Sun& Hsung、Hwang 考察了亚洲国家的家庭,指出父亲的职业地位及教育水平显著地影响其子女的职业选择(如初始职业或当前工作);Bian 对中国家庭的分析得出,帮助者和交往者的教育水平与工作地位会借助于强——弱关系的形式显著地影响其帮助对象的职业选择。

波茨教授(Portes)通过整理已有相关研究文献,指出已有研究对社会资本功能的关注主要表现在关注家庭成员之间的相互支持、社会规则的执行以及运用社会资本来解释就业选择。

还有一部分专家将家庭资本对高校毕业生就业影响投注到在校学业表现方面。如科尔曼教授在其著名的"科尔曼报告"中指出:"影响孩子学业成绩的主要因素不是来自学校,而是来自家庭。"随着研究的不断推进,越来越多的学者研究发现,父母亲的受教育水平、家庭经济状况等因素对自身的在校学习成绩呈正相关性。

二、国内研究现状

目前国内涉及家庭社会资本对大学毕业生就业影响的相关

研究大致分为两类：第一类是研究大学生就业影响因素的文章中涉及家庭这一影响因素，第二类是研究家庭（包括家庭成员、家庭经营期望、家庭社会资本的因素）对大学生就业取向或是大学生择业观的影响。研究家庭因素对大学生就业取向或择业观的影响，大都集中在家庭经济收入、家庭社会资本、家庭教育方式及家庭精英期望对大学生职业选择的影响，关于家庭期望对大学生就业的影响研究比较少，关于这方面的实证研究更是不多。

国内学者林南较早对社会资本的概念进行了定义，认为社会资本是镶嵌于个人关系网络中的社会资源，并可以为个体利用，用于投资以便实现个体目标，即带来增值。社会资本一般表现为家庭中父母的社会经济地位，如家庭收入、父母的职业、父母的教育程度等，也可以体现为信任、人力资本及声望等。社会资本表现为家庭的社会关系网络、父母的收入及职业等，它是家庭成员之间社会资源的总和；家庭社会背景影响着家庭的社会网络资源，这种由家庭背景决定的资源对子女的职业选择也将产生不同的影响效果。李黎明、张顺国指出高校学生职业选择的家庭背景因素和自身学业成就因素在一定程度上影响其社会资本的拥有和人力资本的积累，而社会资本的拥有量与人力资本的积累量对学生职业选择的过程和结果有显著正向的影响作用。

郑洁认为家庭的经济收入和社会地位直接决定了大学生的社会资本拥有量，社会资本的拥有量又影响大学毕业生的工作意向、求职行为和就业结果，大学毕业生拥有的社会资本越丰富，其更倾向于企业就业，期望薪酬起点更高，应聘信心越强，同时选择推迟就业也越可能。徐晓军结合社会资本理论与人力资本理论，分析了我国大学生就业过程中的双重机制，得出本科水平是社会资本与人力资本双重并重的状态；韩翼祥等的研究指出学生本人人力资本的积累量对其职业期望和就业决策有显著的决定效应；高明、姜超以家庭社会资本为手段对高职院校的调查得出家庭社会资本显著正向影响大学毕业生的期望月薪。

陈成文、谭日辉等人研究认为高校学生就业选择的影响因素较为复杂,且维度较多,如所学的专业、大学期间的实习经验和学生干部经历、个人能力等,这些因素对学生的就业选择产生重要影响;况源通过研究发现,家庭的社会网络关系、教育以及环境等也对学生的就业观念、就业质量有显著的影响,孩子的就业倾向依赖于父母对其就业的定位,在就业方式、就业地区、工作抉择等环节,父母的意见往往成为子女就业的指挥棒;文东茅指出由父母工作地位、教育水平以及经济收入决定的家庭背景也会差异性地影响其子女的入读学校、工作类型、收入水平等,进而间接或直接地影响子女最终的就业状况;郑晓涛认为社会网络关系对就业有不同程度的影响,如社会关系网络的强度及跨度对收入具有显著的影响作用。

赵岚指出家庭环境作为孩子成长和生活的重要土壤,其对于大学生能力素质的形成和培养似如催化剂发挥着催化作用,而在就业过程中这种催化影响作用表现为家长参与其子女就业的方式;徐挺、苏磊认为影响高校学生就业的家庭因素中,家庭对其子女的精英期望观是一个重要因素,父母的高期望和传统的精英期望与孩子就业观下移之间的不协调对孩子的就业产生了不利的影响,为了降低这种不利的影响,应该增进家庭、学生以及学校三者之间的相互交流,合理调整父母的就业预期,构建理性的就业理念,让家庭就业理念和教育大势同步发展,衔接学生的就业观念,进而推动学生的就业。李雪菲、曾正德由样本调查分析得出父母期望与其子女择业观在企业和创业方面存在差异,只有通过建立学校、社会以及家庭三者之间良好的交流互动和紧密的联系,才有可能真正地帮助大学生解决现实的就业问题。

田亚伟、于水整理了近年来学者关于社会资本与毕业生就业的研究文献,指出社会资本影响大学毕业生的就业主要体现在研究方法及相关变量的差异、社会资本对就业的效用以及比较社会资本与人力资本对就业的效用,并指出应该通过厘清相关概念、规范测量指标以及明晰社会资本的作用机制来研究社会资本对学生就业的影响。

　　钟昌红从文化资本视角入手,考察家庭文化资本对其子女就业的影响分析,得出家庭文化资本显著影响孩子对工作性质的选择;家长对子女的职业期望及与子女的交流沟通直接或间接影响其子女的就业结果;文化资本地位较高的家庭其子女更认可和包容通过社会网络得到就业资格。钟昌红、张叶青在研究文化资本对高等教育公平的影响中,也得到家庭文化资本对其子女的就业状况影响作用明显。

　　卢昊发现家庭背景间接或直接地影响大学生的就业规划,家庭的文化资本越丰富,社会网络关系越复杂,其与外界地接触面就越广阔,获得与子女发展前景相关的就业信息与实践机会也会越多;仇立平、肖日葵认为文化资本存量越多的家庭其子女接受教育的年限就会越长,文化资本显著影响子女地位的获得;储叶青提出大学生文化资本的积累和提升主要依赖于个人的努力和在校的教育。

　　从已有国内外研究可以发现,家庭因素对大学生就业认知的影响研究主要集中在家庭经济条件、教育程度,特别是社会资本对大学生就业的影响分析,也有研究涉及了家庭资本对大学生就业认知和选择的影响,但从目前来看,关于家庭资本与高校大学生就业认知这方面的实证研究,尤其是具体到某个区域,比如新疆的实证研究还不多见。因此,从家庭资本的视角,通过实证研究对新疆高校大学生就业认知的影响具有一定的突破性和新颖性。

第三节　研究意义

　　国内外学者一致认为家庭资本对个体职业生涯发展的影响重大,就业认知也会直接影响到实际就业行动。但从研究内容来看,国内鲜有专门将家庭资本和就业认知结合起来的研究;从研究样本选择来看,覆盖了专科、本科和研究生层面,但缺乏针对少数民族地区高校大学生的调研。因此,从家庭资本的视角,研究新疆少数民族地区高校大学生就业认知的影响是必要和可行的。本研究试图达到理论和实践两方面的意义。

一、理论意义

(1)有助于丰富我国高校毕业生就业理论,加深对新疆少数民族高校生就业状况的认识。

分析少数民族高校毕业生的就业状况、就业观念和特点、就业的影响因素、就业的政策建议等内容,与汉族高校毕业生相比,他们的就业难度更大。目前,对少数民族高校毕业生就业的研究文献还相对较少,因此本研究可以丰富我国的高校毕业生就业理论。

(2)有助于丰富家庭资本和人力资本理论内涵。

人力资本及家庭资本的概念肇始于国外,因此,其理论来源是深植于西方文化之中。由于东西方文化的差异性,人力资本与家庭资本在我国更具有东方文化传统的思维定性。通过家庭资本的维度来透视新疆高校学生的就业认知影响研究,有利于结合我国的国情、世情、区情状况,统筹分析其影响作用。因此,从这一层面来说,开展此项研究有助于深化家庭资本理论和人力资本理论的概念和意涵,推动管理学、人口学的发展,具有一定的学术意义和价值。

二、实践意义

新疆是多民族聚居地,新疆大学生的就业事关经济社会和谐发展和维护边疆团结稳定的一项重要工作。高校毕业生是国家培养的高级专门人才,是未来高素质人才的核心,是实施科教兴国战略、实施新世纪宏伟目标的重要力量。高校毕业生不完全就业或就业不合理,就会造成人才的闲置或对人才的不合理使用,这样既造成人才的浪费,又会给社会稳定带来不利的影响。因此,加强对新疆高校毕业生就业状况的研究,帮助高校毕业生顺利就业,对于实现新疆社会稳定和长治久安的总目标具有非常重要的意义。

第二章　概念界定及调查问卷的设计

第一节　概念界定及理论假设

一、家庭社会资本

家庭社会资本的概念脱胎于社会资本理论,Maboya 将家庭社会资本阐释为:家庭主要成员之间先天存在的血缘性的相互关系,以子女为例,其父母及父母所掌握的一切资源就是该子女拥有的家庭社会资本。Goddard 在研究中则进一步认为家庭社会资本必须是嵌入到某种社会关系中才是有价值的,所以核心家庭成员的社会资本最为牢靠。本研究以家庭核心成员为重点,将以血缘、关系、信任、责任等为基础建立的社会经济地位和人际关系网络,资金、信息、网络、关爱、呵护和心理依靠等都认定为家庭社会资本的具体表现形式。

二、家庭社会资本与就业认知、就业期望的关系

"认知"行为是社会人最基本的心理活动,其将外界的信息经过头脑的接收加工处理和反馈,形成内心的情感波动,最终影响人的社会行为。高校毕业生的就业认知则主要是指毕业生在就业以及就业过程中,对自己的社会角色定位、自身能力评价、自我客观认识和行动意愿评判的心理活动过程,最终毕业生的就业认知会影响实际就业行为。毕业生的就业认知会受到多重因素的

影响,而家庭对于就业的影响更具有持续性、深远性和直接性,毕业生在就业时拥有的社会资本越丰富,其在就业认知、期望、目标等方面准备性、确定性上也就相对清晰。根据以上理论分析,特提出假设 1:

H1:家庭社会资本对就业认知有正向显著的影响

冉昆玉指出就业期望是指高校毕业生在就业认知的基础上,对未来就业的内容所产生的一种期许,可以说就业期望是在受就业认知的影响下毕业生所希望获得的工作的综合体现。既然对未来的工作存在某些期望,就必然也存在一个期望值,就业期望值本身不存在高和低、好和坏的区分,它更像一个标杆可以反映出个人对工作的可接受能力、可承受范围。这些具体的期望值不仅仅受到毕业生自身工作认知的影响,也同样受到家庭的影响,一般意义上家庭社会资本越丰富,就越可能使得毕业生提高对就业的期望值,反映在实际的就业、择业的过程中,即家庭社会资本可以影响毕业生的就业期望。根据以上理论分析,特提出假设 2:

H2:家庭社会资本对就业期望有正向显著的影响

三、家庭社会资本、就业认知、就业期望与就业满意度的研究

Hellman 认为就业满意度包括工作本身、工资薪酬、工作环境、同事关系以及个人能力与工作需求的匹配等多方面,由此可知影响毕业生就业满意度的因素是多方面的。钟秋明、郭园兰在研究中发现,大学生的家庭社会资本对于自身的就业观有着重要影响,即家庭社会资本会直接对大学生的就业认知、就业期望、就业伦理等产生正向的影响,并且发现家庭社会资本和就业认知、就业期望都对就业满意度有影响,但是具体是正向作用还是负向作用以及变量之间的作用过程没有进行进一步的研究。根据以上理论分析,特提出假设 3、假设 4 和假设 5,以及本研究的理论框架,如图 2-1:

H3：家庭社会资本对就业满意度有正向显著的影响

H4：就业认知对就业满意度有正向显著的影响

H5：就业期望对就业满意度有负向显著的影响

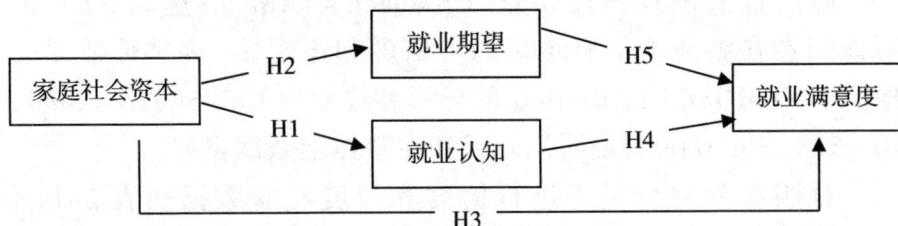

图 2-1　理论假设整体框架

第二节　研究设计

一、问卷设计

本研究以心理学、社会学的角度为切入点,通过新疆高校的本科阶段大四毕业生进行问卷调查,以期对新疆高校毕业生的家庭社会资本状况、自身就业认知与就业期望进行有效调查和掌握,并预测其就业满意度以及影响就业满意度的主要因素。在问卷编制过程中,参考国内外学者已经研制成熟并被广泛运用的自陈式量表,以郑茂雄的四维度家庭社会资本问卷为蓝本,结合新疆高校毕业生的实际情况,编定《家庭资本对新疆高校学生就业认知影响的调查》问卷。

二、预调查样本选择

在进行大规模开展问卷调研的基础上,为验证该问卷的有效性,从新疆本科院校中选择了四所高校进行了小范围的预调查,对四所本科院校的 300 名毕业生发放了调查问卷。

三、信度、效度检验

通过检验发现信度系数（Cronbach's Alpha）达到 0.82，说明该问卷在整体上具有很好的可信度和稳定性；在整体效度的检验中，KMO=0.91，Bartlett 的球形度检验中 Chi-Square=4086，DF=513，Sig=0.000，说明调查问卷在整体上效度良好。

对四部分的分量表进行信度和效度检验数据如表 2-1 所示：在家庭社会资本量表的检验中，其 Cronbach's Alpha 系数为 0.71，KMO=0.84；在就业认知量表的检验中，其 Cronbach's Alpha 系数为 0.73，KMO=0.85；在就业期望量表的检验中，其 Cronbach's Alpha 系数为 0.78，KMO=0.88；在就业满意度量表的检验中，其 Cronbach's Alpha 系数为 0.71，KMO=0.84。

表 2-1 变量相关系数矩阵表

	信度	效度	家庭社会资本	就业认知	就业期望	就业满意度
家庭社会资本	0.71	0.84	0.56	0.43**	0.47**	0.54**
就业认知	0.73	0.85	0.43**	1.00	0.32**	0.41**
就业期望	0.78	0.88	0.47**	0.32**	1.00	−0.43**
就业满意度	0.72	0.84	0.54**	0.41**	−0.43**	1.00

注：** 在 0.01 水平（双侧）上显著相关

四个分量表信度和效度数值都在可接受的范围之内，说明问卷设计合理有效。

四、相关检验分析

通过对研究所涉及的各变量进行相关性分析，发现家庭社会资本与就业认知、就业期望、就业满意度都达到显著相关，且呈正相关关系，说明家庭社会资本越丰富，毕业生的就业认知程度、期望值和满意度就越高；就业认知与就业期望、就业满意度达到显著相关，且呈正相关关系，说明毕业生的就业认知越清楚越详细，其就业期望也随之升高，进而就业满意度也在一定程度上有所提高。值得注意的是,就业期望与就业满意度成显著性负向相关关系,说明就业期望越高反而可能造成就业的不满意,造成满意度的降低。运用统计学原理对量表的判别效度进行检验,发现 AVE 的平方根高于该变量与其他变量的相关系数,说明各个变量之间不存在严重的重合性。

五、共同方法偏差的控制与检验

因为在实际调查中预测变量和效标变量两者有可能因为受到人为因素(包括受调查的毕业生,题目意思的表达,测量氛围等)的干扰和影响,进而可能产生共变效应导致调查结果失真和失实,所以要在模型的构建和数据代入之前进行共同方法偏差的检验和控制。本研究运用在当今统计学中得到普遍应用的潜在误差变量控制方法对数据进行专项检验,以便及时发现可能出现的共同方法偏差。具体而言就是在结构方程模型的构建和运行中,把数据中可能出现共同方法偏差作为一个假设的潜在变量来处理,在模型的运行中如发现含有一个潜在变量模型的拟合度的各项指数比不含有潜在变量的模型指数更加优异,说明模型中的共同方法偏差效应得到了检验,即数据和模型还存在重大问题需要进行修改;若前者的各项拟合度指数低于不含有潜在变量的模型指数,说明各个变量之间不存在共同方法偏差的问题,即变量的选取和模型的构建都是良好可靠的,结果如表 2-2 所示,数据印证了本研究的变量的选取和模型的构建都是合理可行的。通过对单因子模型的各项拟合指数的分析,发现在预期假设的四个变量(即家庭社会资本、就业认知、就业期望和就业满意度)之间不存在严重的同一方法偏差的问题。进而对四因子模型和在其基础上增加一个公共方法变异因子后所构建的五因子模型的拟合指数分析,发现五因子模型的拟合指数较差,四因子模型的各项拟合指数更加符合统计学的标准。由此可以判定在本研究中的四个变量之间并没有产生共同方法偏差的问题,变量的选取、模型的构建都是可靠可信的。

表 2-2　单因子模型、三因子模型和四因子模型的拟合指数

模型	X^2/df	GFI	NFI	AGFI	IFI	RMR	RMSEA
单因子模型	9.98	0.711	0.748	0.722	0.876	0.092	0.212
四因子模型	3.31	0.926	0.913	0.925	0.928	0.058	0.069
五因子模型	4.27	0.897	0.901	0.884	0.901	0.082	0.077

第三节　问卷的实证分析

　　本研究使用 SPSS16.0、AMOS17.0 软件进行数据分析处理和数据验证,即主要利用模型界定搜寻技术来构建新疆高校毕业生的家庭社会资本与就业认知、就业期望、就业满意度之间的结构方程模型,利用 AMOS 软件的最大似然法来对方程模型进行检验,然后进行适当调整修正和局部优化。

一、直接效应检验

　　首先对直接效应模型进行检验,即得到新疆高校毕业生的家庭社会资本与就业认知、就业期望、就业满意度四变量的直接效应模型,如图 2-2 所示。

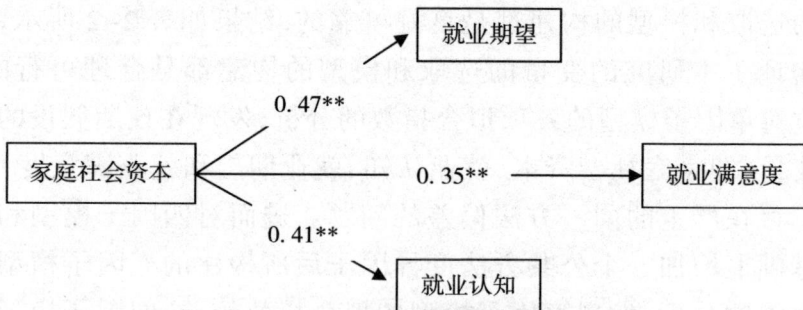

图 2-2　直接效应模型标准化路径系数

　　此直接效应模型的拟合度指数符合社会统计学的相关标准:X^2/df 的值为 4.15,低于最高限度 5;GFI、NFI、AGFI 和 IFI

四者的值分别为 0.927、0.924、0.913、0.919，都高于最低 0.9 的界限值；RMR 和 RMSEA 的值为 0.068 和 0.084，低于 0.1 的界限值，具体如表 2-3 所示：

表 2-3　直接—中介效应模型拟合指数(N=1826)

模型	X^2/df	GFI	NFI	AGFI	IFI	RMR	RMSEA
直接效应模型	4.15	0.927	0.924	0.913	0.919	0.068	0.084
中介效应模型	4.37	0.913	0.908	0.901	0.911	0.062	0.085
中介效应模型（修正后）	4.23	0.914	0.913	0.903	0.913	0.062	0.084

　　从直接效应模型的各项数据可以看出，本模型的拟合度较高、可信度较好，模型构建较为成功；且从该模型的三条路径分析，发现毕业生的家庭社会资本在对就业认知、就业期望、就业满意度的影响效应都达到了显著性水平，并且家庭社会资本对后三个变量都为正向影响。以就业期望为例，可以发现家庭社会资本对高校毕业生的就业期望有显著作用，对于就业期望的解释力达到 47%。以上结论将说明研究假设中的 H1、H2 和 H3 得到了验证，说明家庭社会资本对于毕业生的就业有着直接且正向的影响。

二、中介效应检验

　　按照中介检验三步骤对就业认知和就业期望是否在家庭社会资本对就业满意度的影响中起中介作用进行验证：首先确定是否存在直接影响，即家庭社会资本对毕业生的就业满意度是否有直接的关系，经直接效应模型图 2-2 可知家庭社会资本对就业满意度存在显著的正向影响，此条件成立；其次要验证家庭社会资本对就业认知和就业期望是否存在直接影响，同理从直接效应模型图 2-2 可知家庭社会资本对后两者存在显著的正向影响，此条件亦成立；最后要重点验证家庭社会资本是否会通过就业认知和就业期望两个变量对就业满意度产生进一步的影响。经过中介模型检验可以发现家庭社会资本对就业认知、就业期望、就业满意度三个变量都有直接的正向影响,且路径系数达到显著水平;而就业认知与就业期望对就业满意度的影响也达到显著水平,其中就业认知对就业满意度存在正向作用,就业期望对就业满意度存在负向作用,具体如图2-3所示。

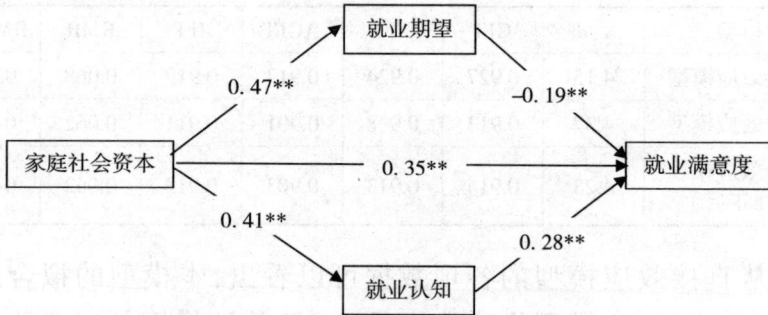

图2-3　中介模型标准化路径系数

由以上三个推论步骤可知此中介模型得到验证,就业认知和就业期望两个变量在家庭社会资本对就业满意度的影响过程中起部分中介作用,研究假设中的H4、H5得到了验证。

三、模型修正

在完成中介模型的初步检验后,发现此结构方程模型还存在进一步优化和改正的可能性,以便达到更好的拟合指数。在初步的中介模型中,发现就业认知与就业期望两个变量之间存在显著相关,即前者变量到后者变量的修正路径指数为19.41,存在进行模型进一步修正的价值和意义。在初步中介模型的基础上增加一条从就业认知到就业期望的路径后继续运行模型,两个变量的标准化路径系数为0.17,达到显著性水平,完善后的模型的拟合指数都比原来的更加符合统计学的标准,具体结果如图2-4所示。

从最后完善的中介模型中可以发现存在四条中介路径:一是家庭社会资本→就业认知→就业满意度;二是家庭社会资本→就业期望→就业满意度;三是家庭社会资本→就业认知→就业期望→就业满意度;四是就业认知→就业期望→就业满意度。

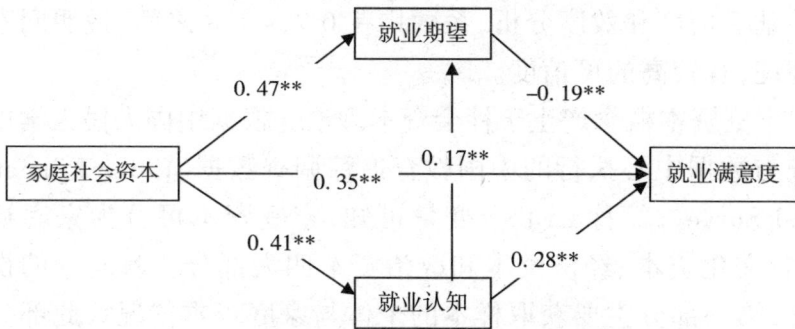

图 2-4　修正后中介模型标准化路径系数

第四节　调研问卷的确定及样本情况

经过调整,最终问卷共分为六个部分:第一部分为个人及家庭基本资料,此部分也是在样本具体描述中进行简要介绍的部分;第二部分是就业自我认知和职业生涯规划认知;第三部分是就业目标和就业形势认知;第四部分是创业意愿;第五部分是国家就业政策认知;第六部分是就业结果。包含单选题、多选题、量表矩阵等多形式题型,共99题。通过对新疆本科高校的2017届毕业生中发放问卷2191份,回收1946份,其中有效问卷为1875份。

表 2-4　可靠性统计

克隆巴赫 Alpha	基于标准化项的克隆巴赫 Alpha
0.741	0.749

表 2-5　KMO 和巴特利特检验

KMO 取样适切性量数		0.738
巴特利特球形度检验	近似卡方	262510.073
	自由度	20910
	显著性	0.000

基于信度和效度分析,系数均在 0.7 ~ 0.8 之间,说明问卷较为合理,有较高的可信度。

家庭资本概念产生于社会资本理论。根据中国人民大学中国调查与数据中心执行的中国教育追踪调查数据(China Education Panel Survey,简称 CEPS)变量可知,家庭资本可分为家庭社会资本、文化资本、经济资本和政治资本四大部分。就问卷的设计而言,第一部分主要获取样本的个体与家庭资本情况。此部分共设计 26 小题,均为单选。

个人基本数据信息描述。个人基本数据信息包括性别、民族、户籍所在省份、生活的城市、户口性质、就读高校、学历、所学专业等内容。

一、性别分布情况

在样本中,男生 897 人(47.84%),女生有 978(52.16%),男女比例分布相对均匀,女性略高于男性毕业生,符合新疆高校毕业生整体男女比例现状,可以较好的显示出较为真实的数据,让我们更好地了解新疆高校学生就业意愿与就业状况。

表 2-6　样本性别分布统计

性别	频率	百分比(%)
男	897	47.84
女	978	52.16
合计	1875	100.0

二、生源地分布分析

从表 2-7 所呈现出来的比例可以看出,疆内生源有 899 人(47.95%),疆外生源 976 人(52.05%),疆内外生源比例差距不大,疆外生源高于疆内生源。这与新疆高校尤其是兵团高校的生源状况相吻合。

表 2-7　样本生源地分布统计

地区	频率	比例（%）
疆内	899	47.95
疆外	976	52.05
合计	1875	100.0

三、户口性质分析

表 2-8 数据显示,调查毕业生户口分类上,城镇生源 804 人（42.89%）,而农村生源 1071 人（57.11%）,农村生源略高于城镇生源,基本可以反映出调研群体的合理性。出身户口性质与家庭资本密切相关。

表 2-8　样本户口性质统计

地区	频率	比例（%）
城镇	804	42.89
农村	1071	57.11
合计	1875	100.0

四、学科类别统计分析

从表 2-9 可以发现,占比前五的学科门类是工学类 894 人（32.1%）、医学类 664 人（23.9%）、农学类 343 人（12.3%）、理学类 250 人（9%）。工学和医学毕业生居多,其他学科门类均有分布,其中理工类毕业生明显高于文史类毕业生。

表 2-9　样本学科类别统计

学科	频率	比例（%）
工学类	615	32.8
医学类	386	20.59
农学类	263	14.03
理学类	201	10.72

学科	频率	比例(%)
教育学类	129	6.88
文学类	106	5.65
管理学类	73	3.89
法学类	27	1.44
历史学类	13	0.69
经济学类	39	2.08
艺术学类	14	0.75
哲学类	9	0.48
总计	1875	100.0

五、家庭资本信息描述

家庭资本的四个要素——家庭社会资本、文化资本、经济资本和政治资本都有二级要素进行评定。

家庭社会资本。对此要素,问卷中采用了"您觉得您家庭的社会地位大概属于哪个阶层""父母亲戚朋友中哪种职业类型的人最多""您认为对您找工作可能会有帮助的人共有多少"和"对您找工作可能最有帮助的人是您的哪位"等问题进行要素衡量。

家庭文化资本。对于文化资本而言,主要通过父母亲的受教育程度进行衡量。

家庭经济资本。对于经济资本而言,主要通过家庭经济状况进行衡量。在问卷中以问题"您是否是独生子女""您的家庭人均月收入"等问题出现。

家庭政治资本。对于政治资本而言,主要通过父母亲的政治面貌进行衡量。

第三章　家庭环境对新疆高校毕业生
职业生涯规划认知的影响

第一节　新疆高校毕业生职业生涯规划认知的调研状况

自高校扩招以来,毕业生人数逐年增加,从 1999 年的 90 万人增长到 2019 年的 834 万人,近 20 年来增加了 8.27 倍。经济下行压力的加大和毕业生规模的急剧增长,高校毕业生的就业问题逐渐成为社会所关注的焦点问题之一。

为了解新疆地区高校毕业生就业认知的影响,笔者设定了理论模型与研究假设:

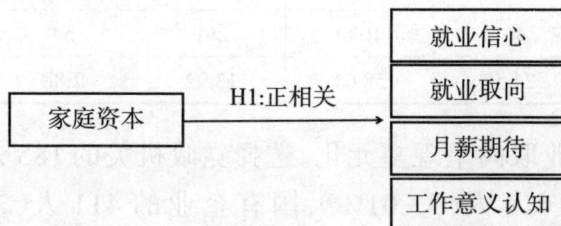

```
                                        ┌──────────┐
                                        │  就业信心  │
                                        ├──────────┤
            ┌────────┐  H1:正相关         │  就业取向  │
            │ 家庭资本 │ ──────────────▶   ├──────────┤
            └────────┘                   │  月薪期待  │
                                        ├──────────┤
                                        │ 工作意义认知│
                                        └──────────┘
```

根据前人对家庭资本的理论概述,本研究建构出家庭资本与就业信心、就业取向、月薪期待、就业影响因素的理论模型,在这一理论模型中,家庭资本对上述几种因素产生不同程度的影响,因此,形成了四个相关假设:

一是家庭资本对毕业生就业信心呈正相关,即家庭资本越丰富,毕业生在职场求职信心越充足;

二是家庭资本与毕业生就业取向呈正相关,家庭资本越充

足,毕业生在择业时地域、行业、单位性质越多元化;

三是家庭资本与毕业生月薪期待呈正相关,家庭资本相对充足,毕业生月薪期待值越高;

四是家庭资本与毕业生工作意义认知呈正相关,这主要反映在毕业生人力资本、社会资本等方面。

通过对有效问卷进行整理和数据分析,课题组发现:新疆地区毕业生的就业观已经产生了一些积极方面的变化,但是由于受到诸多因素的影响,部分毕业生的就业观依然存在一定问题。

一是就业信心充足。大多数毕业生面对就业有较大的自信。充满信心的461人(24.59%)、信心一般的1099人(58.61%)、信心不足的261人(13.92%)、没有信心的54人(2.88%),被调查者对择业充满信心比信心不足和没有信心的人群占比还要多7.79%。一般而言,家庭资本与就业信心呈正相关性。相关调查资料显示,家庭资本充足的毕业生在人际交往能力、沟通表达能力、适应环境能力、承受挫折能力等方面明显高于家庭资本相对薄弱的毕业生。这些成为他们对于求职的信心的重要影响因素。

表3-1 择业信心数据统计

	充满信心	信心一般	信心不足	没有信心	总计
频率	461	1099	261	54	1875
比例(%)	24.59	58.61	13.92	2.88	100.0

二是就业取向呈现多元化。选择党政机关的185人(9.87%)、事业单位的619人(33.01%)、国有企业的411人(21.92%)、民营企业的175人(9.33%)、三资企业的310人(16.53%)、部队的72人(3.84%)、其他103人(5.49%)。毕业生对于最希望就业的单位类型是事业单位、国有企业等稳定工作,所占人数比例达近55%。说明多数毕业生受家庭影响,毕业后倾向于选择相对稳定的工作。同时,从表中可以发现,毕业生在就业趋向选择上,企业比重逐渐上升,这可能由于我国经济发展的转型,企业在国民经济发展中起着重要的影响作用。

表 3-2　就业倾向的单位性质统计

	频率	比例（%）
党政机关	185	9.87
事业单位	619	33.01
国有企业	411	21.92
民营企业	175	9.33
三资企业（中外合资、中外合作、外商独资）	310	16.53
部队	72	3.84
其他	103	5.49
总计	1875	100.0

　　从毕业生薪资期待来看，在当前就业形势比较严峻的情况下，月薪期望 2000 以下的 18 人（0.96%）、2001～3000 的 163 人（8.69%）、3000～5000 元的毕业生占 51.09%、5000～8000 有 519 人（27.68%）、8000 以上的 217 人（11.57%）。据麦可思研究院发布的《2018 年中国大学生就业报告》调查数据显示，2017 届中国大学毕业生的平均月收入为 4317 元。其中，本科院校 2017 届毕业生月收入为 4774 元，高职高专院校 2017 届毕业生月收入为 3860 元，说明部分毕业生对薪酬的期望值与现实较为接近，这将对毕业生的就业观产生一定的有利影响。

表 3-3　期待的月薪（试用期后的税后工资）统计

	频率	比例（%）
2000 及以下	18	0.96
2001～3000	163	8.69
3001～5000	958	51.09
5001～8000	519	27.68
8000 以上	217	11.57
总计	1875	100.0

　　三是影响新疆高校毕业生就业因素的认知因素逐渐明晰。从高校毕业生对于影响就业因素的矩阵分析中，可以看出毕业生

认为非常重要的三个因素分别是：个人能力、机遇、所学专业，说明毕业生对于就业的成功比较注重自我的努力和环境的影响。而在"比较重要"类别中，比例较高的前三者是学校品牌、所学专业、择业技巧，家庭背景和社会关系则明显上升，说明在中国这样一个伦理型社会中，很多毕业生认为家庭资本等人情关系的重要性。"一般"的前三者是送礼卖人情、家庭背景和社会关系、学业成绩。"不太重要"的则是送礼卖人情、家庭背景和社会关系、所学专业。"根本不重要"的是送礼卖人情、家庭背景和社会关系、学业成绩，说明对各类因素，重要和不重要呈现两极分化。

表3-4　影响毕业生就业因素统计（单位：%）

	学校品牌	所学专业	学业成绩	个人能力	择业技巧	家庭背景和社会关系	送礼买人情	机遇
非常重要	25.33	36.86	31.06	69.11	43.48	17.96	6.62	56.15
比较重要	53.21	42.16	39.47	25.91	42.13	39.16	18.64	33.52
一般	18.57	16.87	26.19	4.46	13.86	31.54	46.83	8.76
不太重要	2.47	3.09	2.17	0.28	0.26	8.39	21.63	0.67
根本不重要	0.42	1.02	1.11	0.24	0.27	2.95	6.28	0.9
总计	100.0	100.0	100.0	100.0	100.0	100.0	100.0	100.0

四是工作意义的认知也影响了毕业生就业认知。"为使自身价值得到社会承认"的349人（18.61%），"为获得较高经济收益（挣钱养家）"的有1131人（60.32%），"充分发挥自身的兴趣爱好"达265人（14.13%），"为成名成家或提高社会地位"的86人（4.59%），选择"其他"的44人（2.35%）。60.32%的毕业生认为工作是为了获取更高的经济利益（挣钱养家），对于该认知情况属于正常情况。一方面，理想固然很重要，但是面对现实依旧需要勇气。从理想走向现实，毕业生逐渐了解社会现实，对于家庭资本对于其选择的影响，还需要进行进一步讨论。另一方面也可以看出，当代毕业生追逐高薪是为了养家的责任与担当。其次，18.61%的毕业生认为就业是为了更好的自我发展，得到社会的

承认,实现自身的社会价值。这反映出毕业生在实现自我价值的过程中趋向成熟的心理。

表3-5　毕业生就业的目的统计(单位:%)

	频率	比例(%)
为使自身价值得到社会承认	349	18.61
为获得较高经济收益(挣钱养家)	1131	60.32
充分发挥自身的兴趣爱好	265	14.13
为成名成家或提高社会地位	86	4.59
其他	44	2.35
合计	1875	100.0

第二节　家庭资本对新疆高校毕业生职业生涯规划认知的影响

随着我国经济社会的发展转型和高校毕业生数量的日渐增多,大学生就业形势日趋严峻,高校毕业生就业难现象成为社会各界关注的焦点。如何破解这一难题,实现大学生人才资源的优化配置引起专家学者的关注和思考。很多职场专家指出,大学生职业生涯规划对于大学生就业,乃至职业发展具有重要的指导和现实意义。毕业生就业认知的现状与其所接受的职业生涯规划教育和对其认知有很大的相关性。

一、新疆高校职业生涯规划教育的现状

1.大学生职业生涯规划教育开始受到重视。面对大学生就业压力,教育部办公厅印发了《大学生职业发展与就业指导课程教学要求》的通知(教高厅〔2007〕7号),新疆高校从2008年起开设大学生就业指导课程,并将其贯穿大学生学习过程的始终。

2.大学生对职业生涯规划教育重要性的认识不断提高。近

年来,伴随着大学生就业压力的不断增大,多数大学生也开始意识到诸如职业指导、职业咨询、职业生涯规划教育对自己未来职业选择和职业发展中所扮演的积极意义。

二、理论模型与研究假设

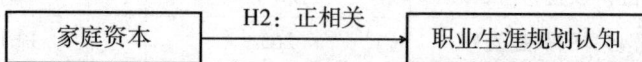

```
┌──────────┐    H2: 正相关    ┌────────────────┐
│  家庭资本  │ ───────────────→ │ 职业生涯规划认知 │
└──────────┘                  └────────────────┘
```

基于上述家庭资本理论的概念,建构出家庭资本与毕业生职业生涯规划认知的理论模型,在这一理论模型中,家庭资本对不同毕业生的职业规划认知产生不同的影响,形成如下假设:

家庭资本与毕业生职业生涯规划认知呈相关性,不同家庭资本的毕业生在职业生涯规划认知上产生不同的影响。

三、新疆高校职业生涯规划教育中存在的问题

由于应试教育的强大惯性和高考制度的延续,我国的高中教育仍以升学率、上线率为终极目标,而忽视了学生发展过程中对职业和自我的认知,即便是考入高校的大学生,他们对自己今后的职业发展也是一片空白,造成了学生学习兴趣不浓,动力不足,职业素质和能力欠缺,就业竞争力下降等一系列问题。

针对当代大学生就业问题,《大学生职业生涯规划与就业指导》课程不同于传统的就业指导,在时效性、目标和理论基础等方面对大学生的就业起到重要作用。时效性上,职业生涯规划的效用不仅贯穿大学全程,甚至还延展到毕业后的职业学习历程;目标上,职业生涯规划指导的主要目标在于帮助大学生了解自己、了解职业世界,培养正确的劳动观和职业价值观,以及帮助大学生找到合适的工作岗位并适应职业生活;理论基础上,职业生涯发展是在对学生个体进行心理测验、智力测验、人格测验、成就测验、职业测验等系列测验、测评之后,根据各种不同类型的生涯发展理论对学生进行一个长期的设计、规划,职业生涯辅导根据求

职者的实力从根本上解决问题。

为更好地帮助大学生认识自我、了解社会,积极培养自己的专业兴趣,提高自身的就业竞争力,实现大学生群体的充分就业,新疆各高校按照教育部及自治区的相关精神,都开设了大学生职业生涯规划的相关课程。新疆高校的大学生职业生涯规划教育与内地高校相比,还存在一些不足,表现在以下几个方面。

(一)职业生涯规划教育的课程设置不够合理

虽然,新疆高校开设大学生职业生涯规划课程已有很长时间,但部分高校一直没有将该课程纳入必修课程范畴,在课程设置上仍然存在两个方面的问题:第一,课程设置没有形成固定的体系。高校在该课程的设置上普遍存在课程内容单一、缺乏实践性、课时量少等问题,学生普遍认为,该课程不像其他课程有固定的教学体系和大纲,因此,从该课程获得的相关的就业政策和信息知之甚少;第二,课程内容缺乏系统性和连贯性。就业指导课程多数是有就业办公室统筹规划,与其他专业课相比,由于没有专业教研室对该课程进行系统的研究和规划,授课教师的稳定性不能保证,导致该课程内容明显缺乏系统性、连贯性。

表3-6 高校开设职业生涯规划课程统计

	频率	比例(%)
是	1847	98.49
否	28	1.51
总计	1875	100.0

(二)对职业生涯规划教育的重视程度不够

职业生涯规划教育的内容过于追求全面而缺乏针对性。不同民族和语言的学生,对职业规划教育内容的需求往往存在较大的差异性,但目前,新疆高校在开展职业生涯规划教育时,往往都是大班授课,且课时量相对不多,授课内容及标准基本统一,即使能够发现学生个体因家庭资本的差异客观存在,也不能做到个性化指导和教育。

表3-7 毕业生对职业生涯规划相关内容了解程度统计

	频率	比例(%)
很了解	284	15.15
了解一点	1485	79.2
不了解	99	5.28
没听过	7	0.37
总计	1875	100.0

职业生涯规划教育过于形式化。目前,新疆高校的职业生涯规划教育主要还是以传统的授课方式为主,在实践教学方面仍未全面展开,这使得这种重理论轻实践的课程对学生的吸引力不足。在高校职业生涯规划课程中,大部分学生有较为正确的价值观,对于这些学生要有更多的疏导,让学生参与到课堂上,从传统的教授转向学生的课堂参与。

表3-8 毕业生关于在职业规划中最关键的依据统计

	频率	比例(%)
兴趣	291	15.52
能力、特长	1315	70.13
热门职业	46	2.45
专业	206	10.99
其他	17	0.91
总计	1875	100.0

(三)缺乏专业的职业生涯规划

目前在高师队伍中,新疆高校大学生职业生涯规划课程主要由辅导员担任,因此,每学期的授课教师不固定,任课教师不专业。在一些课程设置上比如职业生涯规划授课中一些老师只进行了性格测试,却未对其结果进行深度、有效分析,并引导学生如何根据自身优势选择就业方向,也未能针对不同性格的人群进行面试技巧的指导等。

第三节　新疆高校职业生涯规划课程的构建

一、明确课程指导思想

当前学校课程只是在普及学生职业生涯规范方面的知识,帮助学生增强职业发展与规划的意识。其性质还是就业指导工作,最终仍是以提高学生的就业率和就业质量为目标。就业指导课程不能仅仅着眼解决眼前的就业问题,学校的教务部门、就业指导部门应着眼于学生未来的发展,从综合素质的内涵要求出发,以学生职业发展为主线,以职业能力和倾向为切入点,以社会需求为导向,以真实的职业环境为背景,以第一、第二课堂为主阵地,以学生活动、体验的获得为主要目标,使就业指导贯穿于学生学习的全过程,融入日常的各项教育教学活动中。

二、构建科学化、全程化的就业指导课程体系

（一）课程内容改革

从设计内容上看课程应贯穿大学的整个过程,根据各年级的不同特点,对当前9个理论模块进行合理优化,有针对性地开展规划和指导教育。比如大学一年级主要进行职业启蒙,加深学生对本专业的培养目标和就业方向的认识,灌输职业生涯规划的意识,并指导学生初步做好职业生涯规划设计。在此阶段,就业指导课程设置内容主要是大学生职业生涯规划相关知识的导入,并引导学生进行自我认知和评估以形成自己的职业生涯规划设计书;大学二年级主要强化学生的职业素质和综合能力培养,指导学生参加社会实践,完善自己的职业生涯规划。在此阶段可以设

置职业素质培养、择业观等方面的内容；大学三年级通过课堂教学与实践活动等培养学生与职业发展目标相适应的能力，教育学生认清就业形势，根据自身特点做好求职或升学的准备。此阶段可以设置职业发展与职业适应、选择职业的方法与技巧等方面的内容；大学四年级主要是指导学生掌握求职方法，以正确的心态面对就业。在此阶段可以设置就业政策、就业信息的收集与利用等方面的内容。在课程教学之外，要根据不同专业、不同学生的个体化差异，有针对性地开展个体化的就业指导咨询和服务工作，比如设立"职业生涯个体咨询室"，帮助学生从专业实际树立正确的职业发展观。

（二）教学方法改革

从教学形式上看要改进教学方法，实现教学形式的多样化。《大学生职业生涯规划与就业指导》课程既有知识的传授，也有技能的培养，更有学生态度、观念的转变。因此在教学过程中，教师教学不能只停留于口头说教，要在遵循课程体系和课堂教学规律的前提下，采用课堂讨论、团队游戏、典型案例分析、实地参观等多种教学形式来有效激发学生的学习热情，鼓励学生进行校友或者优秀人物访谈、参加模拟招聘等方式提升课程的主动性和参与性，从根本上改变"教师台上讲，学生竖耳听"的传统授课方式，增强课程的针对性、实效性、创新性。

（三）教学环节改革

要加强实践环节的训练，提升学生的综合素质。教学实践活动是本课程教学的一个非常重要的环节，当前就业指导课程的实践教学环节只局限在校内，没有和社会及企业相结合，就不能与时俱进的服务好学生的就业。另外，学生通过不同方式、不同类型的就业指导课程训练之后，需要接受用人单位的检验[5]，这是不断改进和增强就业指导课程实效性的必需的保障。因此，学校应该发挥桥梁作用,拓展大学生实训基地的建设,搭建校内网职业生涯规划体验平台,加强校企合作,通过开展参观考察、社会实践、企业实习、社区服务等活动,让学生亲自体验到社会职业岗位,有效地拓展学生职业技能,激发学生自我提高、科学规划的自觉性和主动性,端正学生的就业观,更好地促进就业。

三、专兼职相结合,建设一支高水平的就业指导教师队伍

就业指导教师队伍是进行职业生涯规划和就业指导工作的基础和保障。由此,学校应进一步加大就业指导教师队伍的培训力度,提升授课教师的专业技能,并鼓励任课老师取得相关职业指导资格证书;另外,学校应建立就业指导教师门槛准入制度,选拔有职业指导资格证书的老师授课。同时,还应积极邀请校外知名企业人士作为学校就业指导课程的客座教师或顾问,不定期开展专题讲座,从企业用人和社会评价的角度出发,为大学生提供最直接、最真实、最切合实际的就业指导,使学生拓宽就业视野,让学生更直接地感受社会和企业的用人观。

四、编写具有区域特色和学校特色的就业指导教材

"实践——理论——实践"这是一般工作的科学进程。作为大学生就业指导工作也应如此,其中有个关键的媒介就是教材。优秀教材是联通理论与实践的重要媒介,是大学生就业工作持续有效进行的有力保障。针对目前就业指导课程教材都存在的概念化、理论化和趋同化的特点,学校应组织骨干力量,以新疆、兵团的区域社会经济发展为背景,注入本校特色,编写有针对性的就业指导教程。通过地域特色的教材编写,积极与课程的结合,帮助学生深入了解新疆和兵团的现状,引导和鼓励学生积极响应国家的号召,树立正确的择业观和就业观。

第四章　家庭环境对高校毕业生就业观的影响

第一节　理论模型与研究假设

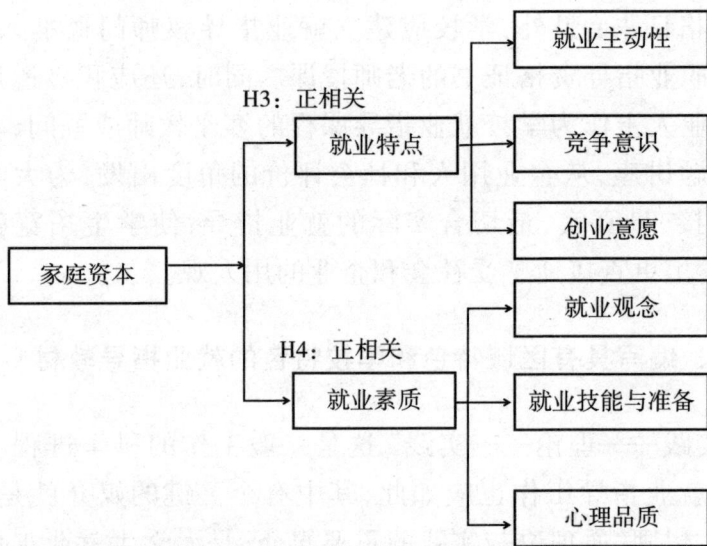

```
                                              ┌──────────────┐
                                         ┌───→│   就业主动性   │
                                         │    └──────────────┘
            H3：正相关                    │    ┌──────────────┐
          ┌──────────────┐               ├───→│   竞争意识     │
      ┌──→│   就业特点    │──────────────┤    └──────────────┘
      │   └──────────────┘               │    ┌──────────────┐
┌──────────┐                             └───→│   创业意愿     │
│  家庭资本  │                                 └──────────────┘
└──────────┘                                  ┌──────────────┐
      │                                  ┌───→│   就业观念     │
      │   H4：正相关                      │    └──────────────┘
      │   ┌──────────────┐               │    ┌──────────────┐
      └──→│   就业素质    │──────────────┼───→│  就业技能与准备 │
          └──────────────┘               │    └──────────────┘
                                         │    ┌──────────────┐
                                         └───→│   心理品质     │
                                              └──────────────┘
```

根据家庭资本理论,本研究建构出家庭资本对大学生就业特点与就业素质的影响理论模型。这一理论中不同家庭资本对大学生就业特点、就业素质产生不同的影响,提出如下假设:

一是家庭资本与毕业生就业主动性呈正相关性,家庭资本越充足,毕业生面对就业形势表现出乐观性;

二是家庭资本与毕业生就业竞争意识呈正相关,家庭资本越充足,毕业生竞争意识越强,在职场更易于面对挑战;

三是家庭资本与毕业生创业意愿呈正相关性,家庭资本越多,毕业生创业意愿越强;

四是家庭资本与毕业生就业观念呈正相关性,主要表现在就业单位选择、就业地域选择等方面;

五是家庭资本与毕业生就业技能、准备呈正相关,家庭资本越丰富,毕业生就业技能越高,就业准备相对充足;

六是家庭资本与毕业生心理品质呈正相关,家庭资本越充足,毕业生就业心理品质越好。

第二节 新疆高校毕业生就业观的积极表现

为解决当下严峻的就业形势,国家出台了一系列的指导性的政策促进大学生的就业,特别是在新疆地区,积极支持毕业生就业和创业的优惠政策数量繁多,在高等教育大众化的前提下,新疆地区毕业生的就业观都或多或少地产生了一些积极方面的变化。

(1)新疆高校毕业生面对就业基本持乐观态度。我们从表4-1可以看出,有一半以上的受访者对自己的就业形势呈现乐观态度及以上状态,达到50.34%。对新疆的就业形势持一般感觉的有809人(43.15%),认为新疆的就业形势严峻的占6.51%。

表4-1 毕业生对新疆的就业形势的总体感觉统计

类别	频率	比例(%)
十分乐观	213	11.35
乐观	731	38.99
一般	809	43.15
严峻	115	6.16
非常严峻	7	0.35
总计	1875	100.0

对找到合适工作这个问题,只有31.2%的同学相信自己可以找到一份适合自己的工作。超过一半的同学认为"虽然找到的工作不一定很喜欢,但是就业应该没问题"。这一结果对于现实来说,呈现一种趋势,呈现一种为了就业而就业的状态。这对于毕业生树立正确的就业观会产生一定的影响。

表4-2 毕业时找到一份合适的工作的信心程度统计

类别	频率	比例(%)
有,相信能找到一份合适的工作	585	31.2
虽然找到的工作不一定很喜欢,但是就业应该没问题	1058	56.43
找不到合适的工作,只能做些临时性的工作勉强维持生活	173	9.23
一点信心都没有,一毕业就要失业	41	2.19
其他	18	0.96
总计	1875	100.0

(2)具有较强的竞争意识。结合前期调查的调查数据和近几年的相关信息,我们看到,新疆地区的毕业生已经在逐步发生变化,一些毕业生愿意选择能发掘自我潜质的工作,能够追求人生理想和价值的工作,同时他们认为在求职过程中,最重要的是个人能力的高低。在择业过程中时,毕业生更倾向于按照自己的意见和想法去寻找工作岗位。

(3)自主创业意识逐渐增强。虽然大部分毕业生依旧处于"先就业,后创业"的传统思路,但随着政府对于大学生创业支持力度的不断增加,毕业生逐步转变择业意愿,开始着手自主创业。

表4-3 毕业后先就业还是先创业情况统计

	频率	比例(%)
先就业	1303	69.51
先创业	89	4.73
升学	397	21.19
说不好	86	4.57
总计	1875	100.0

这说明在当前"大众创业万众创新"的环境中,结合国家出台的众多支持鼓励大学生创业的优惠政策,毕业生的自主创业意识有所增强。为引导毕业生多渠道就业,国家建立了很多的毕业生自主创业的平台鼓励毕业生自主创业、灵活就业,帮助毕业生融入社会,开辟创业之路,成为社会和经济的一部分;再加上当今社会的互联网遍及全球,电子商务的快速崛起,对毕业生创业有非常大的帮助,提供了很好的平台。

表4-4　是否有创业意愿统计

	频率	比例(%)
从未有过	424	22.61
有,犹豫不决	1316	70.19
有,正在创业或策划中	135	7.2
总计	1875	100.0

第三节　毕业生就业素质分析

从当前形势来看,毕业生的就业形势依然严峻,其中就业素质是影响毕业生就业的一个重要因素。就业素质是指在就业过程中表现出来的心理意识品质和知识技能品质的总和,是毕业生合理择业、顺利就业和成功创业的基础。就业素质包括就业观念、就业技能和心理品质三个方面。其中,就业观念是统领,就业技能是核心,心理品质是保证,它们不同程度地影响着毕业生的就业。

一、新疆毕业生就业素质的基本现状

就业观念。第一,调查显示,即将毕业的大学生一方面对就业压力有清醒的认识,一方面就业期望值较高,有创业理想,在择业时,往往更多地考虑工资待遇、地区及稳定性等诸多实际利益,表现出较强的务实化、功利化倾向。

表 4-5 选择就业地域主要考虑的因素统计

类别	频数	比例（%）
自然环境好	592	31.59
交通发达,基础设施完善	721	38.46
国家建设需要	331	17.63
人才政策吸引力大	485	25.88
生活成本低(物价、房价等)	283	15.11
就业机会多	940	50.13
个人发展空间大	1128	60.15
距离家乡近,社会人际资源多	591	31.52

第二,在"选择就业地域主要考虑的要素"中,排在前三位的分别是"个人发展空间大 1128 人（60.15%）、就业机会多 940 人（50.13%）和交通发达,基础设施完善 721 人（38.46%）"。在追求自己工作的路上选择了让自己的就业生活更丰富些,就业地域的选取为了自身更好地发展。

表 4-6 选择就业地域主要考虑的因素统计（%）

类别	非常重视	比较重视	一般	不太重视	根本不重视
行业及其发展前景	50.8	42.4	6.2	0.4	0.3
公司环境及企业文化	38.9	50.0	10.4	0.4	0.3
培训提升及晋级机会	45.4	45.4	8.5	0.4	0.3
经济收入与福利待遇	50.1	41.8	7.6	0.2	0.3
地理位置和工作环境	33.5	49.2	16.0	1.0	0.3
单位性质	28.6	47.9	21.8	1.4	0.3
职业稳定性	44.1	44.3	10.7	0.5	0.3
专业对口性	26.8	39.4	28.0	4.4	1.4
个人兴趣和爱好	36.3	46.2	15.9	1.3	0.3
社会评价	31.3	50.2	16.9	1.0	0.6
个人发展空间大小	50.6	40.7	8.1	0.3	0.3

很多毕业生重视行业及其发展前景(50.8%)、公司环境及企业文化(38.9%)、培训提升及晋级机会(45.4%)、经济收入与福利待遇(50.1%)、个人发展空间大小(50.6%)。

第三,在就业地区的选择上,毕业生选择倾向比重较高的是:家乡所在县市(24.79%)、北疆地区(24.77%)、沿海开放城市(22.51%)。说明新疆即将毕业的大学生热衷于大城市,特别是省会城市和沿海开放城市。在就业地区问题上,愿意去南疆等国家急需人才的基层艰苦地区的仅占4.76%。在就业目标上,追求稳定的铁饭碗,将行业发展前景、薪酬和个人发展空间大小作为择业的重要考虑的因素。

表 4-7　择业时比较倾向的就业地域统计

类别	频数	比例(%)
国(境)外	63	3.36
沿海开放城市	422	22.51
疆外省会城市	239	12.75
疆外中小城市	97	5.19
北疆地区	464	24.77
南疆地区	89	4.76
家乡所在县市	465	24.79
其他	35	1.87
总计	1875	100.0

就业技能与就业准备。第一,很多毕业生认为造成目前高校学生就业困难的主要因素是:个人知识能力储备不足(67%)、缺乏工作或实践经验(64.8%)、自我定位不够准确(58.7%)。说明毕业生在就业技能与就业准备方面,注重专业知识和实际的业务能力,把知识扎实、获得证书、实践技能等看作求职择业的关键因素。虽然在了解就业信息、进行职业规划、提高能力等就业准备方面有一定的认识,但就业准备普遍不足。同时,新疆高校毕业生大都把知识扎实、实践技能等看作求职择业的关键因素。

表4-8　造成目前高校毕业生就业困难的主要因素统计

类别	频数	比例（%）
个人知识能力储备不足	1191	63.53
自我定位不够准确	1118	59.64
缺乏家庭背景和社会关系	403	21.49
专业不对或专业面太窄	753	40.17
学校不知名	181	9.63
缺乏工作或实践经验	1181	62.99
用人单位招录条件苛刻	178	9.51
其他	33	1.77

第二，在就业信息的来源和就业途径上，居于前三位的是："招聘会"（66.13%）、"学校介绍和推荐"（15.73%）、"亲朋好友的介绍"（7.68%）。

表4-9　求职的途径统计

类别	频数	比例（%）
学校的介绍和推荐	295	15.73
亲朋好友的介绍	144	7.68
参加学校举办的招聘会	889	47.41
参加政府、社会机构组织的招聘会	351	18.72
网络求职	133	7.09
其他	63	3.36
总计	1875	100.0

第三，在职业规划方面，38.74%的毕业生职业生涯规划比较清晰，有56.17%的毕业生的职业规划比较模糊，5.09%的毕业生不清楚职业规划，需要加强规划教育。

表4-10　职业发展方向的清晰程度统计

类别	频数	比例（%）
清楚	726	38.74

类别	频数	比例（%）
不太清楚	1053	56.17
不清楚	59	3.13
没考虑	37	1.96
总计	1875	100.0

心理品质。毕业生求职择业不仅应具有良好的思想道德素质、文化素质和身体素质，也应具有良好的心理素质。即将毕业的大学生尤其是在就业过程中遇到挫折或者学业存在问题不能顺利毕业的，极容易产生心理问题。在上表中我们可以看出对于求职障碍的选择大多可以体现出毕业生的心理素质问题。

表 4-11　求职中最大的障碍统计

类别	频数	比例（%）
知识水平不高	1283	46.1
实习经验不足	1962	70.5
个人形象不好	291	10.5
基本能力不强	1578	56.7
个人性格问题	540	19.4
家庭背景不够强大	633	22.8
缺乏清晰的职业规划	759	27.3
其他	47	1.7

二、新疆毕业生就业素质存在的问题

可以看出，一是新疆高校毕业生在读书期间普遍缺乏明确的职业规划。通过表中数据可以发现，"实习经验不足（70.5%）"、"基本能力不强（56.7%）"、"知识水平不高（46.1%）"占比较高，说明明确的职业规划能够帮助学生进行正确的定位，从而知道自己该干什么，不该干什么，如此便能有目的地、充实地度过大学四年，顺利就业或深造。如果毕业没有明确的职业规划，也就对自己没有一个明确的定位,这就使自己往往处于"跟风"、随大流的状态,不知道自己到底应该干什么,到底能够干什么。这个问题值得各高校关注和深思,积极、有效、全面地推行大学生职业生涯规划是各高校一个迫切而现实的选择。

二是毕业生缺乏特色能力培养,实践经验不足。新疆各高校在专业培养中专业技能和实践能力的培养要做的工作还很多,高校应面对社会需求,加强学生的特色能力培养,塑造学生的核心竞争力。

三是存在着一定的不良择业心理。在择业问题上,自卑感强的毕业生表现为对自己的潜能优势缺乏了解,缺乏自信心,部分毕业生过低地估价自己。自惭形秽,自己看不起自己。部分毕业生在进行择业时,还是更多地考虑家人及亲友意见,表现出较强的依赖心理。

四是社会交往和适应能力需要进一步加强。对毕业生来说,良好的人际交往能力以及良好的人际关系是其生存和发展的必要条件。在大学校园里建立良好的人际关系,形成一种团结友爱、朝气蓬勃的环境,将有利于大学生形成和发展健康的个性品质。

第四节　新疆高校大学生的就业观改进

一、大学生就业观的内涵界定

虽然我国正在进行社会转型和经济结构调整,对我国的社会经济发展产生了极大的挑战,高校毕业生在计算机、工业、医疗、集成电路工业等知识密集型产业中的适应性更强,因此社会经济结构调整并未对高校毕业生的总体就业情况产生显著影响。从全国就业市场经验看,就业观仍然是影响高校毕业生的重要因素,但是长久以来,专家和学者对就业观的含义概括众说纷纭。

通过梳理现有研究成果可以发现,国内对于就业观的定义主要基于以下两个范畴：第一类定义认为，就业观是一种关于就业行为的思想观念，产生于人类自身发展过程中的某种需要，这种需要是社会发展所必要的需求，而大学生的就业观是大学生对自身发展条件和社会事物进行比较、分析、评价后决定的有关就业选择的思想观念。

另一类就业观定义认为，就业观是一种看法，这种看法专指毕业生在就业实践过程中对社会和个人所能够承受和担当的一种估计的基本观点。此类观点认为，就业观是大学生在丰富的大学生活实践过程中所形成的，是关于个人对社会贡献率评估后的一种自我价值理想和自我价值追求。

通过对比可以发现，无论是思想观念论还是自我看法论，都认为就业观的形成不是一蹴而就的，而是一个长期的发展过程，并贯穿于求学和就业过程的始终，是价值观的一种重要形式。大学生的就业观是大学生的主观因素和社会大环境这一客观因素共同作用的结果，对大学生的就业情况影响非常显著。

二、新疆高校大学生当前就业观问题表现

社会经济不断发展，毕业生的就业观也随之发生了变化，朝着更加科学合理的方向转变，更加满足社会发展的需求。但是由于就业形势有多种因素干扰，因此，就业压力突出，导致了毕业生的就业观念出现了各种偏差，这都是目前急需解决的重要问题。

（一）新疆高校毕业生对就业形势认识模糊

改革开放以来，我国的经济发展很快，在当今的社会环境下，高校毕业生对目前的就业形势有一个客观的、科学的认识，还需要有正确的判断。孟兆怀在《高等教育大众化呼唤大学毕业生就业观念的转变》一文中指出"很多毕业生由于对就业形势的基本情况不了解，因此对就业形势以及就业信息分析不足，使毕业生在就业时出现盲目就业的现象，还有很多学生对就业太过于乐

观,对就业的期望值过高,出现盲目投递的现象,甚至有的学生不思进取,自暴自弃,东奔西跑,结果仍然是找不到合适工作,无法理想就业。

(二)部分毕业生缺乏就业信心

高校大学生的整体素质还是比较高的,因为他们经过了十多年的基础教育,还接受了四年到五年的专业知识培养,面对就业他们应该具有比较充足的信心。但是由于近年来就业压力的增加,就业形势的严峻,整体就业形势都不容乐观,再加上高等教育大众化的普及导致毕业生人数增加,这使部分高校毕业生对就业缺乏信心,显得有些不知所措。新疆地区本身地理位置比较偏僻,西部大开发之前都处于比较封闭的状态,很多学生从小到大没有受到过任何挫折,特别是独生子女家庭,家人的宠爱让他们很难理解就业的竞争与残酷,缺乏面对困难的勇气和坚韧的毅力,加上中国的应试教育体制,很多学生认为只要能应付每一次的考试,能够学懂书本上的知识,就能够适应当今社会的需要。一些招聘单位,可能要求不招聘少数民族毕业生,这就使一些少数民族同学在就业时缺乏信心,心理上受到打击。

(三)缺乏基层发展的勇气,各方面准备不足

近年来为帮助大学生顺利就业,缓解就业压力,国家出台了"三支一扶"等一系列政策,积极鼓励大学生留在西部,到基层去工作、去发展,鼓励毕业生到偏远地区以及生活条件差的基层工作,这里发展空间更大,但是实际效果并不理想,调查中发现,大部分毕业生并不排斥去基层工作,但是,一般是在没有合适工作的前提下,他们才会去基层,并不是发自内心的选择。当下,仍然有很多学生认为在经济发达的地区,就业机会更多,更有利于自身的发展,发挥个人的才能,但是很多这样的大学生没有贡献社会的精神,往往有些学生追求一些体面的工作,选择北京、上海、

广州等发达的城市,这里往往有些拜金主义。还有一些就业方向不明确,没有明确的职业生涯规划,人云亦云,不能真正理解自己的理想和追求,只是一味的跟着他人走,追求一些表面的虚荣,一些肤浅的东西。

（四）就业期望值过高,功利化倾向严重

毕业生在就业选择时,倾向于工资待遇高、地位高的工作。在就业区域的选择方面,大多数毕业生选择经济发展水平高的大城市,特别是沿海城市,他们感觉这里的就业机会和发展前景更好,能够更好地展示自身的才华。在一些学生的眼中,在经济发展落后的地区,特别是西部的基层地区,思想观念自然很保守,在这样的环境下,没有好的机遇让自己的才能更好的发挥,因此不愿意留在新疆,更不会选择去条件落后的山区。在目前这种劳动力供给大于需求,结构性失业较多的情况下,毕业生数量仍在不断增加,毕业生面对就业选择,必须解决好自己的定位问题,特别是对薪酬方面的期望。但现实中有部分毕业生专业的唯一标准就是高薪酬,对薪酬的过高期望表现出毕业生的功利化倾向,一方面他们渴望工资高、待遇好的工作,一方面又安于现状,希望找到稳定的类似"铁饭碗"的工作。我们可以看出,高校毕业生存在着对自身的定位不准确的问题,这对他们的就业影响巨大。

毕业生都希望能够找到一份好工作,这是一种正常的心态,我们需要去理解他们。但问题是,现在一些毕业生的想法有些脱离社会现实,骆剑琴指出,"个体就业期望值超过了社会的实际需求状况,表现在大学生身上为就业期望值过高,讲究稳定,图实惠,对待遇过分看重,但这远远超出了实际的社会需求"。毕业生要以自己的实际能力为基础,进行客观公正的分析,合理地定位自己,只有做到这些才不会在就业中找不到方向。合理、科学的就业定位有利于克服毕业生在就业过程中过高的评价自己从而盲目的跟风选择不符合自己实际定位的工作。在就业选择时,有相当多的毕业生对自己认识、评价不到位,对自己的定位不符合当下实际情况,这样在就业中必然会导致挫折。还有很多毕业生对自己没有清晰的定位,过分轻视自己,认为自己做什么事都不行,这样又反而会降低自己的求职标准。

（五）追求稳定工作

我们存在于社会这个整体之中,每个人的简单加和并不等同于社会,无数的个人的有机统一才是社会的真实意义,每个人都是社会的一个重要的因素和构成,只有因素和因素之间的相互协调、有机统一、和谐互动,才能维持社会的稳定性,才能最大限度地提高系统的功能。同时,作为社会有机统一体的一员,只有维系自身的生存,才能够促进自身价值的实现。因此,为了将个人的理想信念在社会中得到更好的体现,大学生应该积极参与到社会实践中,适应社会的发展需求,对自己进行合理的定位。在实际工作中会发现,在给学生推荐单位或者做个体指导时,选择事业单位、党政机关的毕业生仍然占多数,选择地方、私营企业就业的毕业生所占比例甚少。不少毕业生总是认为事业单位、公务员才是明智的选择,似乎只有那里才有光明的前途,稳定的收入。其实在基层、在企业,甚至是自主创业也都蕴藏着巨大的潜力和生机,可以让刚就业的毕业生积累经验,施展才能。

目前,传统的就业渠道虽然变窄了,但是经济的迅速发展,也为毕业生就业提供了更多的就业途径,公务员、事业单位每年参考的毕业生数不胜数,需求远远少于供给;在小企业求才若渴,但是在大企业确实人才济济,而大学生们对大城市的向往远远超过了偏远农村和乡镇。李福在《浅谈大学生就业观及其指导》中提到:"当下铁饭碗的现象已经不存在,不可能凭借一张文凭就干一生工作,但是现实状况是很多学生把眼光停留在了教师和公务员等稳定的工作中,去企业中就职的很少。"实际上,为了招揽人才,很多小城市的基层单位和小企业采取了很多的优惠政策,比如为就业生提供住房和福利待遇等方面的优惠条件。但是部分高校毕业生仍然选择追求稳定的工作,缺乏挑战开拓精神。

三、产生问题的原因

高校大学生的就业问题一直是社会关注的焦点。由于经济增长与高校扩招的节奏不协调、高等教育与就业市场需求的结构性错位等问题,就业问题较为严峻,最为突出的就是大学生的就业观问题。

首先,高校大学生对职业选择局限。过去,新疆地区"一油独大",曾占到经济总产值的 60% 以上,形成了石油行业独大、重工业占比过重、轻工业占比过轻的产业格局。相比较于其他行业,石油行业、教育产业、医疗行业的收入明显高于平均水平,产业观念对当前毕业生也产生了路径依赖影响,即对机关、事业单位等行业更为钟情。根据新疆工程学院托合提·艾买提关于就业调查的结果中也可以看出,超过 70% 的新疆高校大学生期待进入石油公司、医院、学校。虽然"十二五"期间新疆地区的第三产业发展迅猛,对新疆经济增长贡献率超过 55%,信息、金融、电商等现代服务业的成长速度远超预期,但是愿意将服务业作为首选的大学生仍是少数,错位的职业预期成为新疆高校大学生就业的第一拦路虎。

其次,当前大学生的就业观念跟不上社会发展需要。部分高校大学生的就业观念较为消极,出现了在家庭和学校双维度熏染下眼高手低、好高骛远、思想保守的就业情况。有的学生带有一种优越感,宁愿在城市中失业也不愿意屈就到农村创业,宁愿蜗居在家啃老也不愿意先就业再择业,宁愿想方设法托关系进国企也不愿意进入私企工作,宁愿准备多年公务员考试也不愿意到基层工作。这种对大城市、金饭碗如蚁附膻,对农村、私企敬而远之的想法会让大学生在激烈的就业竞争中失掉很多机会,只能在怀揣着美好的理想和对未来的憧憬中虚度光阴、耗费青春。

最后,高校大学生对自身价值的估计失真,对首次就业的收入预期过高。从调查数据可以看出,无论是就业岗位还是就业的预期收入,大学生都缺乏正确的认识。对自身价值的估计比较乐观,有些学生的估计实际上高于自身的能力。从人力资源管理角度看,初入职场的大学生是很难为企业创造经济价值的,所以企业能给予的薪水仅仅是为了维持实习期或试用期大学生的生存,然而,由于社会经验缺乏、社会阅历不足,大学生对就业市场和社会环境的认识欠缺,仅仅从自身的立场出发,认为企业理应给予自己较高的薪水和职位,导致多数大学生在就业初期对岗位、薪水、待遇不满意,频频跳槽,这也是新疆地区半年后回访就业率偏低的原因之一。对初次就业的错误认识、对自身价值的高估而引发的频繁跳槽,反而让大学生错过了最好的社会经验积累过程,也很难实现个人的职业生涯发展规划。

四、新疆高校大学生就业观转变的必要性

(一)区域经济转型发展的必然要求

经过多年的高速发展,我国传统产业产能过剩,经济已经进入转型期,经济增速切换到中高速的新常态。新疆地区从"十一五"期间就致力于经济转型发展,从过去石油行业独大、重工业占比过重向压缩落后产能、轻工业快速增长转变,发展并扶持战略性新兴产业,均衡产业结构。新疆经济结构的调整向当前大学生传递了明确的就业信息:第一,传统的第一产业和第二产业的就业机会将减少,新兴的第三产业会提供更多的就业职位和就业机会;第二,就业不再是唯一选项,大学生的就业方式更为灵活,不必局限于找工作、谋职位,创业也将是个不错的选择,新兴的服务业有更好的创业机会。新疆地区的经济转型发展必然会造成产业转移,必然会扩大第三产业的就业容量和就业弹性。大学生只有认清经济形势,转变就业观念,才能发现更多职位需求,才能得到更多就业机会。

（二）知识经济时代的发展需求

面对资源枯竭、生态结构失衡、环境恶化等问题，我国加速进入知识经济时代是寻到新的经济发展方式和进入新的经济周期的最佳选择。特别是美国爆发的金融危机对我国的实体经济产生了深远的影响，买方市场的到来亟需建立以知识为基础的经济发展模式，扩大每个经济元素中的知识和科技元素占比，才能应对新时期世界经济形势的发展。

知识经济时代是相对于工业经济形态而言的高级经济形态，将提升生存效率和促进经济多样性，要求大学生具备广阔的眼界、活跃的思维和较强的应变能力，抓紧知识经济时代提供的就业机会和能力提升机会，用所学的知识探索就业和创业的新领域。

此外，在知识经济时代，知识和技术的流动速度会加快，必然会带动就业机会的流动，大学生需要转变铁饭碗的传统就业观念，以便适应知识经济时代职业流动的新特点，切实养成职业流动的新观念。

五、促进大学生就业观的转变

新世界格局下，大国之间的竞争归根结底是科技竞争和人才竞争，大学生是国家和民族兴旺发达的最宝贵资源和财富。高校毕业生的成功就业不仅有利于社会稳定，而且还会增强社会发展的原动力。在我国产业结构调整深化阶段，人民的思维方式和生活方式都在发生深刻的变化，特别是新疆地区占我国国土面积的六分之一，是新丝绸之路的重要地带，是"一带一路"的核心前沿区，大有可为，因此新疆高校大学生的就业观念转变至关重要。

（一）家庭、学校和社会：多维度重塑就业观

面对多元文化，一些高校大学生的思想观念已经发生了变化，出现了消极的、扭曲的就业观，这种观念影响了他们的理想信

念和生活追求。

面对这一现象，家庭、学校和社会应当共同努力，多维度重塑大学生就业观。这不仅是我国实施"科教兴国"和"人才强国"战略的客观要求，也具有深刻的现实意义，是以人为本、科学发展观的具体必要条件，更加符合大学生自身发展的规律。

从家庭层面看，高校毕业生的家长应当端正态度，对学生的就业选择给予精神支持和指导建议，而非粗暴干涉。特别是对电商和旅游产业并不了解的家庭，应当主动去了解电商和旅游等新兴的现代服务业，摒弃偏见，帮助毕业生了解目标岗位的工作内容、技能需求，客观地帮助其分析工作胜任度和职业发展前景。

从学校层面看，新疆地区的高校应当给予大学生端正的就业观教育，培养大学生树立科学、正确、积极向上的就业观。高校还可以提供更多的职业教育，比如让大学生在校期间参观现代农业和现代服务业，了解新兴企业的企业文化和岗位需求，使大学生深入了解现代农业生产、物流、电商等，开拓大学生的视野，转变其思维方式。新疆高校也可以借鉴江浙高校的经验，鼓励学生以创业代就业，依托新疆得天独厚的农产品资源，在读书期间尝试联合创业，并以此替代单一实习模式。

从社会层面看，社会大众需要转变价值观念，鼓励大学生到基层工作，到私企工作，到新兴行业工作，改善新疆地区的营商环境，帮助高校毕业生摆脱陈旧落后的就业观枷锁，充实自己的专业知识和专业技能，为职业理想做好准备，找准自身社会定位。

（二）政府、企业和高校：相互协调，营造良好的就业氛围

近年来的相关统计表明，我国自从实行扩招政策以来，每年有高达几百万的大学毕业生涌入社会，成为初入职场的新人。大学生的成功就业和良好职业道路的发展并非一帆风顺，为大学生营造一个良好的就业氛围就显得十分必要。

从政府层面看，新疆地区各级政府还需加大力度招商引资。

新疆地区是"一带一路"的前沿核心区,新疆政府不但可以吸引各国各地企业到新疆进行投资,还可以适当鼓励新疆地区有实力的民族企业积极参与进出口贸易。成功的招商引资可以为新疆地区的大学生提供更多的就业机会,是解决高校毕业生就业的主要途径之一。此外,需要给大学生建立一个公平有序的社会秩序,在增加就业岗位的同时,完善相关政策,在多元文化背景下促进公平就业,让大学生在毕业选择就业时能够顺应时代发展的潮流。

从企业层面看,各类用人单位不仅应担负起自身的社会责任,尽可能地为毕业生提供较多工作岗位或实习岗位,而且要有长远的人才战略,对毕业生进行高效的培训和管理。比如针对当前高校毕业生多为90后这一群体特征,用人单位可以采取多样化的工作任务安排,采用轮岗实习制提升其工作热情。此外,在批评大学生的同时,用人单位需要正视新一代大学生的特征,进行有针对性的岗位培训和岗位管理,比如利用90后思维活跃的特征,让90后大学生成为企业经营创意的来源,利用90后善于使用社交软件的特点,拓展企业的销售渠道,改变产品营销策略。

从高校层面看,高校应重视大学生的就业工作,完善高校就业指导课程、培训课程、就业培训机构,就业观的思想教育、就业渠道的畅通等。高校应当让学生深入了解就业现状、就业市场和就业问题,让学生了解就业难的成因和对策,营造良好的就业氛围,让高校毕业生主动改变自己,踏踏实实走好每一步。

第五章　家庭环境对高校毕业生
就业认知的影响

第一节　理论模型与研究假设

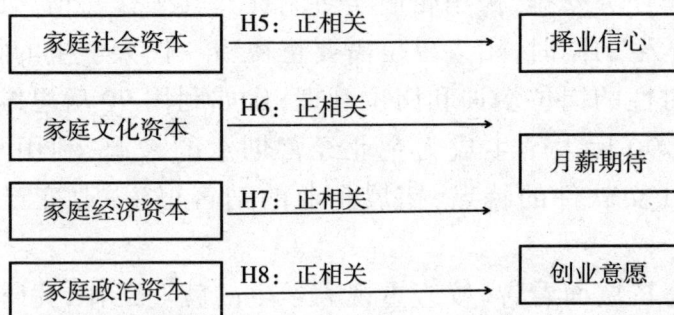

根据家庭资本概念,本研究将家庭资本包括的社会资本、文化资本、经济资本、政治资本对毕业生的择业信心、月薪期待、创业意愿产生影响提出理论模型建构,在这一理论模型中,提出如下四个方面的假设:

H5:家庭社会资本与毕业生择业信心、月薪期待、创业意愿呈正相关性,家庭社会资本越丰富,毕业生在择业信心上越充足,月薪期待越高,创业意愿越强;

H6:家庭文化资本与毕业生择业信心、月薪期待、创业意愿呈正相关性,父母的学历、职业、政治面貌等文化资本对毕业生就业产生正相关影响;

H7:家庭经济资本与毕业生择业信心、月薪期待、创业意愿

呈正相关性;

H8:家庭政治资本与毕业生择业信心、月薪期待、创业意愿呈正相关性,家庭政治资本越充足,毕业生择业信心较强,同时月薪期待值较高,创业意愿较强。

第二节　家庭资本对高校毕业生就业认知的影响

"家庭资本"是一个含糊而且内涵宽泛的概念,父母的职业、社会地位、经济收入、受教育水平、家庭人口数量和结构、家庭所在地、种族、民族等是家庭资本的重要组成部分,在特定历史时期,家庭资本包含其他内容。

一、家庭资本的含义

"家庭资本"是一个含糊而且内涵宽泛的概念,包括父母的职业、经济收入、受教育水平、家庭所在地、家庭和睦度等。它涵盖了物质环境和精神环境两个方面。就业观是就业主体对于就业的目的、意义、怎样就业及就业空间等诸多方法的根本看法和态度,大学生就业观包括其就业动机、就业定向、职业选择空间观念、就业途径等。2002年,中国社会科学院社会学研究所发表了《2002年:中国社会形势分析与预测》,该书以职业分类为基础,以组织资源、经济资源和文化资源的占有状况为标准来划分社会阶层的理论框架,将中国社会阶层按由高到低的顺序划分为十个阶层:国家与社会管理者阶层、经理人员阶层、私营企业主阶层、专业技术人员阶层、办事人员阶层、个体工商户阶层、商业服务业员工阶层、产业工人阶层、农业劳动者阶层和城乡无业失业半失业者阶层。

作为一名大学生,所接触的社会面及社会人物十分有限,"因为大学毕业生除家庭以外的社会关系匮乏,所以其社会资本主要是其家庭背景"。"20世纪90年代以来,社会资本理论逐渐成为学界关注的前沿和焦点问题。继舒尔茨和贝克尔率先提出'人力资本'的概念后,'资本'概念不断向广义扩展,成为一切可以带来价值增值的资源。在此基础上,西方社会学家皮埃尔布尔迪厄、詹姆斯科尔曼等人于20世纪70年代以后将经济学家关于忽视的社会关系和社会结构纳入资本分析的范畴,提出了社会资本的观念。

皮埃尔布尔迪厄认为社会资本就是'实际的或潜在的资源的集合体,那些资源是与对某些持久的网络的占有密不可分的。这一网络是大家所熟悉的、得到公认的,而且是一种体制化的网络,这一网络是同某团体的会员制相联系的,它从集体性拥有资本的角度为每个会员提供支持,提供为他们赢得声望的凭证'。社会资本以关系网络的形式存在。詹姆斯科尔曼认为社会资本是与物质资本和人力资本并存的,每个人生来就具有这三种资本。其中物质资本是有形的,社会资本和人力资本是无形的,它们三者之间可以转换。林南把资源分为个人资源和社会资源。个人资源指个人拥有的财富、器具、自然禀赋、体魄、知识、地位等可以为个人支配的资源;社会资源指那些嵌入个人社会关系网络中的资源,如权力、财富、声望等,这种资源存在于人与人之间的关系之中,必须与他人发生交往才能获得。社会资源的利用是个人实现其目标的有效途径,个人资源又在很大程度上影响着他所能获得的社会资源。在社会资源理论的基础上林南又提出了社会资本理论,认为社会资本是'投资在社会关系中并希望在市场上得到回报的一种资源,是一种镶嵌在社会结构之中并且可以通过有目的的行动来获得或流动的资源'"。

"真正使社会资本的概念引起人们重视的是美国学者普特南,普特南认为'社会资本是社会组织的特征,诸如信任、规范以及网络,它们能通过促进合作行为来提高社会的效率,使得实现某种无它就不可能实现的目的成为可能'。社会资本具有社会资源和社会关系的特点,社会资本首先作为一种社会资源存在于社会结构和社会关系之中,是个人通过其拥有的社会关系网络而获得的资源。但社会资本又不同于社会关系和社会资源,社会资本虽然是一种社会网络,但这种社会关系网络必须被转化为体制性的关系,才能真正成为社会资本,而且社会资本只有在持续存在的社会关系中才能产生,而这种社会关系的形成却是资源交换的结果。与人力资本和物质资本一样,社会资本也具有生产性,但与其他资本不同的是,社会资本的生产并不总是有目的性的,有些社会关系的投资是无意识或潜意识的,而人力资本和物质资本的生产却是具有明显的目的性。

问卷中采用了"您觉得您家庭的社会地位大概属于哪个阶层""您认为对您找工作可能会有帮助的人共有多少"和"对您找工作可能最有帮助的人是您的哪位"等问题进行要素衡量。

二、家庭社会资本

①家庭社会资本对毕业生择业信心的影响。调查显示,家庭社会资本对于毕业生择业信心的皮尔逊相关性影响0.131,处于中低强度的正相关影响。我们可以看出各个要素对于择业信心来说存在正相关性。由于我国是伦理型社会,家庭资本在毕业生成长和发展中起着重要的影响作用。相关调查显示,"在人力资本和家庭资本影响高校学生就业的作用机制上,家庭资本会产生更为持久的影响作用。家庭资本越充裕,个体在获得高等教育数量和质量方面会占据显著优势,由于家庭资本的差异,他们获取的教育资源呈现出显著的差异。而随着高等教育机会的扩大,这种差异将逐渐由明显的'量的不平等'向更为隐蔽的'质的不平等'方向转移"。即家庭社会地位阶层越高,毕业生在求职过程中得到的帮助越大,求职的信心越充足。

表 5-1　家庭社会资本与毕业生择业信心

家庭社会资本与毕业生择业信心相关性矩阵				
		您觉得您家庭的社会地位大概属于哪个阶层	您认为对您找工作可能会有帮助的人共有多少	对您找工作可能最有帮助的人是您的	您对自己择业信心如何
您觉得您家庭的社会地位大概属于哪个阶层	皮尔逊相关性	1	−0.261**	0.245**	0.132**
	Sig.（双尾）		0.000	0.000	0.000
	个案数	1785	1785	1785	1785
您认为对您找工作可能会有帮助的人共有多少	皮尔逊相关性	−0.261**	1	−0.166**	−0.187**
	Sig.（双尾）	0.000		0.000	0.000
	个案数	1785	1785	1785	1785
对您找工作可能最有帮助的人是您的	皮尔逊相关性	0.245**	−0.166**	1	0.021
	Sig.（双尾）	0.000	0.000		0.278
	个案数	1785	1785	1785	1785
您对自己择业信心如何	皮尔逊相关性	0.132**	−0.187**	0.021	1
	Sig.（双尾）	0.000	0.000	0.278	
	个案数	1785	1785	1785	1785

**. 在 0.01 级别（双尾），相关性显著。

②家庭社会资本对毕业生月薪期待值的影响。根据表格我们可以看出，家庭社会资本对毕业生月薪期待的系数影响值达到 0.576，处于中等偏上强度，说明呈正相关性。各个要素对于择业信心来说存在正相关关系。即家庭资本越雄厚，期待的薪值越高，反之则呈下降趋势。对于家庭充裕的毕业生，他们更倾向于选择去大中城市的热门岗位就业，同样对于薪资待遇提出更高的期待，反之，家庭资本相对薄弱的毕业生就业月薪期待目标不够高，往往是追求相对稳定的岗位。

表 5-2　家庭社会资本与毕业生月薪期待值相关性矩阵

		您觉得您家庭的社会地位大概属于哪个阶层	您认为对您找工作可能会有帮助的人共有多少	对您找工作可能最有帮助的人是您的	求职时,您对最期待的月薪(试用期后的税后工资)大概是
您觉得您家庭的社会地位大概属于哪个阶层	皮尔逊相关性	1	−0.261**	0.245**	0.011
	Sig.(双尾)		0.000	0.000	0.576
	个案数	1785	1785	1785	1785
您认为对您找工作可能会有帮助的人共有多少	皮尔逊相关性	−0.261**	1	−0.166**	0.069**
	Sig.(双尾)	0.000		0.000	0.000
	个案数	1785	1785	1785	1785
对您找工作可能最有帮助的人是您的	皮尔逊相关性	0.245**	−0.166**	1	0.019
	Sig.(双尾)	0.000	0.000		0.329
	个案数	1785	1785	1785	1785
求职时,您对最期待的月薪(试用期后的税后工资)大概是	皮尔逊相关性	0.011	0.069**	0.019	1
	Sig.(双尾)	0.576	0.000	0.329	
	个案数	1785	1785	1785	1785

**. 在 0.01 级别(双尾),相关性显著。

③家庭社会资本对毕业生创业意愿的影响。通过下面矩阵可以发现,家庭社会资本与毕业生创业意愿影响皮尔逊相关性系数为负值,说明二者显著性不高。创业和家庭经济水平关联度较高。

表 5-3　家庭社会资本对毕业生创业意愿相关性矩阵

		您觉得您家庭的社会地位大概属于哪个阶层	您认为对您找工作可能会有帮助的人共有多少	对您找工作可能最有帮助的人是您的	您是否有创业意愿
您觉得您家庭的社会地位大概属于哪个阶层	皮尔逊相关性	1	−0.261**	0.245**	−0.002
	Sig.(双尾)		0.000	0.000	0.898
	个案数	1785	1785	1785	1785

		您觉得您家庭的社会地位大概属于哪个阶层	您认为对您找工作可能会有帮助的人共有多少	对您找工作可能最有帮助的人是您的	您是否有创业意愿
您认为对您找工作可能会有帮助的人共有多少	皮尔逊相关性	−0.261**	1	−0.166**	0.052**
	Sig.（双尾）	0.000		0.000	0.006
	个案数	1785	1785	1785	1785
对您找工作可能最有帮助的人是您的	皮尔逊相关性	0.245**	−0.166**	1	0.007
	Sig.（双尾）	0.000	0.000		0.716
	个案数	1785	1785	1785	1785
您是否有创业意愿	皮尔逊相关性	−0.002	0.052**	0.007	1
	Sig.（双尾）	0.898	0.006	0.716	
	个案数	1785	1785	1785	1785

**. 在 0.01 级别（双尾），相关性显著。

综上所述，家庭社会资本对于毕业生就业认知的影响中，家庭社会资本对于毕业生的求职信心和期望薪值等呈显性的正相关性。

三、家庭文化资本

对于文化资本而言，主要通过父母亲的受教育程度进行衡量。

①父母亲的受教育程度对毕业生择业信心的影响。根据相关系数可知，父母亲的受教育强度与毕业生的择业信心系数达到0.076**，说明二者具有一定的相关性。一般而言，父母受教育程度较高，往往会采取适当的方法对毕业生求职给予一定的引导、鼓励和支持，有助于增强毕业生在求职择业时的自信心；相反，父母亲受教育程度偏低，在毕业生求职时由于获取的信息量有限，给予毕业生的求职指导较少。

表5-4　父母亲的政治面貌对毕业生择业信心相关性矩阵

		父亲的受教育程度	母亲的受教育程度	择业信心
父亲的受教育程度	皮尔逊相关性	1	0.609**	-0.076**
	Sig.（双尾）		0.000	0.000
	个案数	1785	1785	1785
母亲的受教育程度	皮尔逊相关性	0.609**	1	-0.090**
	Sig.（双尾）	0.000		0.000
	个案数	1785	1785	1785
择业信心	皮尔逊相关性	0.076**	-0.090**	1
	Sig.（双尾）	0.000	0.000	
	个案数	1785	1785	1785

**. 在0.01级别（双尾），相关性显著。

②父母亲的受教育程度对毕业生月薪期待值的影响。根据相关系数可知，父母亲的受教育强度与毕业生的月薪期待系数不到0.1，说明相关性不显著。相较于父母职业为农民的毕业生而言，父母职业为商人、知识分子的毕业生对就业月薪期待不高。

表5-5　父母亲的受教育程度与毕业生月薪期待值相关性矩阵

		父亲的受教育程度	母亲的受教育程度	月薪期待值
父亲的受教育程度	皮尔逊相关性	1	0.609**	0.032
	Sig.（双尾）		0.000	0.092
	个案数	1785	1785	1785
母亲的受教育程度	皮尔逊相关性	0.609**	1	0.017
	Sig.（双尾）	0.000		0.381
	个案数	1785	1785	1785
月薪期待值	皮尔逊相关性	0.032	0.017	1
	Sig.（双尾）	0.092	0.381	
	个案数	1785	1785	1785

**. 在0.01级别（双尾），相关性显著。

③父母亲的文化程度对毕业生创业意愿的影响。根据相关系数可知,父母亲的受教育强度与孩子的创业意愿皮尔逊系数0.054*,超过0.05*,有一定的显著性。父母亲文化程度较高,对于毕业生的个性发展、个人想法、创业意向会表示一定的理解和支持。而父母亲由于自身文化素养受教育程度偏低的影响,则更希望毕业生先就业再择业。

表5-6 父母亲的文化程度与毕业生创业意愿相关性矩阵

		父亲的受教育程度	母亲的受教育程度	是否有创业意愿
父亲的受教育程度	皮尔逊相关性	1	0.609**	−0.044*
	Sig.(双尾)		0.000	0.020
	个案数	1785	1785	1785
母亲的受教育程度	皮尔逊相关性	0.609**	1	−0.070**
	Sig.(双尾)	0.000		0.000
	个案数	1785	1785	1785
是否有创业意愿	皮尔逊相关性	0.054*	−0.070**	1
	Sig.(双尾)	0.020	0.000	
	个案数	1785	1785	1785

**. 在 0.01 级别(双尾),相关性显著。

*. 在 0.05 级别(双尾),相关性显著。

综上所述,家庭文化资本对于毕业生就业认知的影响,主要体现在择业信心和创业意愿上。

四、家庭经济资本

对于经济资本而言,主要通过家庭经济状况进行衡量。在问卷中以问题"您是否是独生子女""您的家庭人均月收入"出现。

①家庭月收入对毕业生择业信心的影响。根据相关系数可知,家庭月收入与孩子的择业信心系数达到0.01,呈现正相关性,但相关性程度不高。这与相关调查研究的结果基本吻合。

表5-7 家庭月收入与毕业生择业信心相关性矩阵

		家庭人均月收入	择业信心
家庭人均月收入	皮尔逊相关性	1	−0.067**
	Sig.（双尾）		0.000
	个案数	1785	1785
择业信心	皮尔逊相关性	−0.067**	1
	Sig.（双尾）	0.01	
	个案数	1785	1785

**. 在0.01级别（双尾），相关性显著。

②家庭月收入对毕业生月薪期待值的影响。根据相关系数可知，家庭月收入与孩子的月薪期待值达到0.55**，说明二者呈现较高正相关性。据相关调查显示，"相对于'社会下层'家庭的子女而言，'社会中上层'和'社会中层'家庭的子女有着相对较高的月薪期望"。

表5-8 家庭月收入与毕业生月薪期待值相关性矩阵

		家庭人均月收入	月薪期待值
家庭人均月收入	皮尔逊相关性	1	0.055**
	Sig.（双尾）		0.004
	个案数	1785	1785
月薪期待值	皮尔逊相关性	0.055**	1
	Sig.（双尾）	0.004	
	个案数	1785	1785

**. 在0.01级别（双尾），相关性显著。

③家庭月收入对孩子创业意愿的影响。根据上表可知，家庭月收入与孩子创业意愿之间皮尔逊相关性系数为负值，具有不显著性关系。

表5-9 家庭月收入与孩子创业意愿相关性矩阵

		家庭人均月收入	是否有创业意愿
家庭人均月收入	皮尔逊相关性	1	−0.018
	Sig.（双尾）		0.329
	个案数	1785	1785

		家庭人均月收入	是否有创业意愿
是否有创业意愿	皮尔逊相关性	−0.018	1
	Sig.（双尾）	0.009	
	个案数	1785	1785

综上，家庭经济资本对于毕业生的就业认知的影响上，主要体现在择业信心和月薪期待值上。

五、家庭政治资本

对于政治资本而言，主要通过父母亲的政治面貌进行衡量。

①父母亲的政治面貌对毕业生择业信心的影响。根据相关系数矩阵表可以看出，父母亲的政治面貌会对孩子的择业信心上影响，系数达到 0.058**，大于 0.01，呈现正相关。且父亲政治面貌的影响程度比母亲的影响程度更为显著。其原因大多属于传统观念的影响，对于男主外，女主内的观念影响。

表 5-10　父母亲的政治面貌与毕业生择业信心的相关系数矩阵

		父亲的政治面貌	母亲的政治面貌	自己择业信心
父亲的政治面貌	皮尔逊相关性	1	0.367**	0.058**
	Sig.（双尾）		0.000	0.002
	个案数	1785	1785	1785
母亲的政治面貌	皮尔逊相关性	0.367**	1	0.030
	Sig.（双尾）	0.000		0.116
	个案数	1785	1785	1785
对自己择业信心	皮尔逊相关性	0.058**	0.030	1
	Sig.（双尾）	0.002	0.116	
	个案数	1785	1785	1785

**. 在 0.01 级别（双尾），相关性显著。

②父母亲的政治面貌对毕业生月薪期待值的影响。在大学毕业生的月薪期待值问题上，系数为 0.658，二者相关性较高。母

亲的政治面貌对于孩子的月薪期待值的影响要高于父亲的政治面貌的影响,甚至父亲的政治面貌与孩子月薪期待值之间存在极低的相关性。

表 5-11 父母亲的政治面貌对毕业生月薪期待值相关性矩阵

		父亲的政治面貌	母亲的政治面貌	月薪期待值
父亲的政治面貌	皮尔逊相关性	1	0.367**	0.008
	Sig.（双尾）		0.000	0.658
	个案数	1785	1785	1785
母亲的政治面貌	皮尔逊相关性	0.367**	1	0.021
	Sig.（双尾）	0.000		0.257
	个案数	1785	1785	1785
月薪期待值	皮尔逊相关性	0.008	0.021	1
	Sig.（双尾）	0.658	0.257	
	个案数	1785	1785	1785

**. 在 0.01 级别(双尾),相关性显著。

③父母亲的政治面貌对孩子就业单位性质的影响。在该问题上,相关系数达到 0.066**,呈现了较强的正相关关系。且父母亲的政治面貌对于孩子就业单位性质的选择上的影响程度大抵一致,都极大地影响了孩子的选择。

表 5-12 父母亲的政治面貌对孩子就业单位性质相关性矩阵

		父亲的政治面貌	母亲的政治面貌	单位性质的选择
父亲的政治面貌	皮尔逊相关性	1	0.367**	0.066**
	Sig.（双尾）		0.000	0.000
	个案数	1785	1785	1785
母亲的政治面貌	皮尔逊相关性	0.367**	1	0.058**
	Sig.（双尾）	0.000		0.002
	个案数	1785	1785	1785
单位性质的选择	皮尔逊相关性	0.066**	0.058**	1
	Sig.（双尾）	0.000	0.002	
	个案数	1785	1785	1785

**. 在 0.01 级别(双尾),相关性显著。

④父母亲的政治面貌对孩子创业意愿的影响。父母亲的政治面貌对于孩子的创业意愿两者间系数达到 0.034,呈现正相关关系,且母亲政治面貌对于孩子的创业意愿的相关性程度要比父亲的影响更强。这与择业信心关系上呈现相反的状态。

表5-13　父母亲的政治面貌对孩子创业意愿相关性矩阵

		父亲的政治面貌	母亲的政治面貌	是否有创业意愿
父亲的政治面貌	皮尔逊相关性	1	0.367**	0.034
	Sig.（双尾）		0.000	0.073
	个案数	1785	1785	1785
母亲的政治面貌	皮尔逊相关性	0.367**	1	0.038*
	Sig.（双尾）	0.000		0.044
	个案数	1785	1785	1785
是否有创业意愿	皮尔逊相关性	0.034	0.038*	1
	Sig.（双尾）	0.073	0.044	
	个案数	1785	1785	1785

**. 在 0.01 级别（双尾）,相关性显著。

*. 在 0.05 级别（双尾）,相关性显著。

综上所述,家庭政治资本对于毕业生的就业认知的影响上,主要体现在就业单位性质上。

六、调研结论

通过相关调研数据可以看出:

第一,整体而言,毕业生对于就业表示乐观态度,近四分之一的调研大学生就业信心充足,对于就业表现出积极性;在就业取向上,毕业生选择性日渐多元化,相较于以往大学生对于待遇的较高追求,当前毕业生更倾向于职业的长期发展,选择企业的毕业生日渐增多;在毕业生工作认知上,调查发现,毕业生对于职业长期发展表现出浓厚的倾向性,说明毕业生在就业认知上更加明晰;在工作观方面,"95"后毕业生表现出责任和担当。

第二,从家庭资本对新疆地区高校毕业生职业生涯规划认知的影响来看,一是职业生涯规划教育的课程设置不够合理。二是职业生涯规划教育的内容过于追求全面而缺乏针对性。这些现状对于毕业生不同家庭资本的学生在塑造生涯认知上过于笼统,导致新疆地区高校毕业生职业生涯规划认知度不够,直接影响其就业认知的发展。

第三,从家庭资本对新疆地区高校毕业生就业特点与就业素质的影响来看,整体而言,一方面,新疆高校毕业生面对就业基本持乐观态度。对自己的就业形势呈现乐观态度及以上状态达到45%。家庭资本相对充裕的毕业生表现出更加的积极特点。近80%的毕业生表现出较强的职场竞争意识,具有较强的创业创新精神。另一方面,家庭资本对毕业生就业素质产生一定的影响。不同家庭资本的毕业生在职业目标意识、实践能力、择业心理、人际沟通表达能力等方面表现出差异性。

第四,从家庭社会资本对新疆高校毕业生就业认知的影响来看,一是家庭社会资本与毕业生择业信心呈相关性。家庭社会资本越丰富,社会关系越广泛,毕业生在就业择业时信心充足,不担心工作的寻找。二是家庭社会资本与毕业生月薪期待显著性较高。家庭资本处于相对较好的家庭对毕业生月薪期待更高。三是家庭社会资本与毕业生创业意愿相关性不显著。调查发现,家庭社会资本二元回归与其创业意愿关联度不高。

第五,从家庭文化资本对新疆高校毕业生就业认知的影响来看,一是家庭文化资本与毕业生择业信心呈正相关性。调查发现,父母受教育程度越高,对毕业生在职业人格等方面塑造性越强,鼓励并积极支持毕业生的择业。二是家庭文化资本与毕业生月薪期待不具有相关性。相较于父母职业为农民的毕业生而言,父母职业为商人、知识分子的毕业生对就业月薪期待不高。说明关联性不显著。三是家庭文化资本与毕业生创业意愿有相关性。父母亲文化程度较高,对于毕业生的个性发展、个人想法、创业意向会表示一定的理解和支持。

第六,从家庭经济资本对新疆高校毕业生就业认知的影响来看,一是家庭经济资本与毕业生择业信心呈正相关性。家庭经济资本充足,在择业时选择范围宽泛,择业中信心充足。二是家庭经济资本与毕业生月薪期待呈相关性,但显著性不大。月收入较高家庭,对毕业生月薪期待更高。三是家庭经济资本与毕业生创业意愿没有显著性影响。一般家庭经济资本往往期望毕业生先就业再择业,而家庭经济资本相对丰厚的毕业生注重个人职业的长远发展。

第七,从家庭政治资本对新疆高校毕业生就业认知的影响来看,一是家庭政治资本与毕业生择业信心呈正相关性。父母亲的政治面貌会对孩子的择业信心产生影响,呈现正相关,且父亲政治面貌的影响程度比母亲的影响程度更为显著。二是家庭政治资本与毕业生月薪期待存在显著的相关性,但要素之间仍旧存在一定的正相关关系。母亲的政治面貌对于孩子的月薪期待值的影响要高于父亲的政治面貌的影响,甚至父亲的政治面貌与孩子月薪期待值之间存在极低的相关性。三是家庭政治资本与毕业生就业单位性质呈显著性影响。父母的职业对毕业生就业单位有一定的影响。如父母的工作单位是党政机关、国有企业,他们更期望子女进入"体制内"就业;如果父母是企业员工,则对子女的要求相对宽松。四是家庭政治资本与毕业生创业意愿有相关性。父母亲的政治面貌对于孩子的创业意愿两者间呈现正相关关系,且母亲政治面貌对于孩子的创业意愿的相关性程度要比父亲的影响更强。

第三节　家庭资本对大学生就业产生影响的原因

综合学者研究文献,家庭资本对大学生就业产生影响的原因主要有以下三个方面。

一、父母的受教育水平和就业观

毕业生的就业期望、就业目标同他们父母的文化水平也有一定关系。一般来说,父母文化程度越高,孩子的就业期望值就定的越高。与北疆相比,南疆的居民普遍受教育程度相对较低,南疆地区少数民族居多,他们更注重孩子就业之后对经济状况的改善。同时,如果父母的受教育水平低,他们一般希望自己的孩子通过接受高等教育找一份稳定的效益好的工作。而在普遍受教育程度相对较高的北疆地区,他们更注重的是希望子女能在社会上有一定地位的单位工作,希望他们走出新疆,去大城市打拼奋斗,就业期望值比自己的子女还要高。

二、父母对子女的期望

部分父母把自己的经验与想法强加给孩子,将子女安排在他们期望的设定好的"世界"中,不允许孩子去寻找自己的发展空间,而是根据他们的想法来发展。首先,我们必须承认父母的出发点是好的,但是出发点好不一定结果好,因为他们忽视了大学生自身的就业特点,在无形中误导了大学生的择业观,挫败了他们就业的积极性。有些学生甚至放弃了自己的竞争优势,只等着家里给安排一个好工作。对父母而言,好不容易把孩子抚养长大,自然是把所有的期望都寄托在了下一代身上,希望自己的孩子有出息。大部分少数民族大学生的父母都存在一种强势的就业导向,这与大学生本身的就业特征是不符的,脱离实际,导致对大学生造成过大的就业压力。

三、父母的价值观和家庭经济水平

经过访谈了解到,毕业生的父母认为自己的孩子考上大学是一件光宗耀祖的事情,认为考上大学是一件让父母很骄傲自豪的事情,所以他们希望子女毕业之后能留在大城市享受高薪的生活,对子女们就业的社会地位非常重视,对他们的就业期望值很高,甚至有些父母认为留在新疆、下到基层或者偏远的地方的基层岗位工作是件令人羞愧的事情。在一些所谓的"官二代""富二代"的家里,"二代"们往往是子承父业。他们的父母拥有较高的社会地位和影响力,为孩子求得一份好工作,甚是简单。在这一点上,对毕业生的就业观择业观都造成了严重的影响。因此,在这样的价值观的影响下,一些学生放弃了留在新疆工作,更不可能选择基层、乡镇作为自己的就业选择。家庭的经济水平会影响大学生的就业观,这从大学期间大学生的学习成绩就能看得出来,不少农村或者家里条件不好的学生努力学习考大学进入高校就是为了跳出农村从而去城市工作,往往这样的大学生学习成绩也都很好。不同家庭经济水平的毕业生在就业选择的标准上差异并不太大,但大部分家庭水平低经济压力较大的少数民族毕业生往往会过分看中薪资标准。反之,如果家庭经济条件宽裕,就会更加关注自己的工作舒适度,例如是否能轻松的完成工作。由此可见,大学生的择业观同时也受到家庭经济状况以及所处地区发展水平的影响。

第四节　家庭资本对大学毕业生工作搜寻途径的影响

对于大学生就业难问题,受多方面因素的影响,但家庭资本一直是个"隐性"而未被公认的重要因素。面对严峻的就业形势,不仅学者,更多大学生也逐渐地感觉到,除了自身能力、就业环境和经济形势等因素外,家庭资本对其就业意向和选择,特别是至关重要的工作搜寻过程(包括搜寻行为、信息、成本、期望和机会),都发挥着重要作用。已有关于家庭资本对子女就业影响的研究,更多的是从收入角度,我们称之为代际收入传递理论。这一理论的基本观点是:市场并非完全竞争,而社会、文化、法律、家庭因素,甚至环境等制度和习俗,是决定个人收入不均等甚至被强化的原因(胡永远)。按照代际收入传递理论,家庭资本影响子女收入,既存在直接的代际效应,也存在间接的代际传递。在直接代际效应方面,通常采用代际收入传递性系数指标来测量家庭资本对孩子收入的直接效应(岳昌君等;王海港)。在代际效应间接影响研究方面,主要遵循四个线索:一是从人力资本渠道出发(Blauand Duncan);二是从文化资本渠道出发(Lewis);三是从父母个性特征渠道出发(胡永远、邱丹);四是从社会资本渠道出发(郑洁)。已有家庭资本研究的主要理论贡献,更多地在于深化人力资本理论研究,在原有人力资本存量对经济增长和个人工资的影响基础上,将其扩展到了"人力资本形成"这一更广层面,即考虑到了家庭资本环境的影响。在我国,由于劳动力市场信息不完全,个体和企业必须花费成本来相互搜寻(Mortenson;Mortensonand Pissarides)。个体就业的获得,最终是以工作搜寻的成功(王萍)为前提,其中工作搜寻过程尤为重要。基于学者的前期研究,结合调研结果,从理论上简要分析其如何影响大学毕业生工作搜寻的过程,进而造成不同程度上的就业不公平。

一、家庭资本对大学生就业工作搜寻过程的理论分析

由于现阶段我国劳动力市场体制不完善,信息不完全,高校毕业生在就业选择过程中对于劳动力市场所能提供工作岗位信息的掌握程度是有限的。在个人能力、经济状况和工作期望存在差异的情况下,理性的高校求职者必然在就业市场上进行工作搜寻,而工作搜寻的不同将间接或直接影响其就业结果。毕业生工作搜寻过程的结果好坏,造成的就业结果可能会不同。而搜寻过程的结果好坏又受搜寻行为选择、搜寻信息获得、搜寻成本多少、搜寻期望高低和搜寻机会等因素的影响。

(一)家庭资本对工作搜寻行为的影响

高校毕业生在工作搜寻过程中,除了受自身各种因素的影响

之外,家庭资本因素也是一个重要考虑的方面。家庭所在地、父母的文化程度(教育水平)、父母的工作性质和家庭的收入状况等不同,间接上对毕业大学生的工作搜寻行为也会产生重要影响,而这很大程度上又影响其就业结果,这一点越来越被更多的人所共识。众所周知,人力资本和社会资本(家庭背景是其重要的组成部分)是大学毕业生在就业和就业质量方面最有帮助的两大因素,在我国日趋竞争激烈的就业形势和"特殊的"劳动力体制下,人力资本固然重要,但社会资本(特别是家庭背景资源),对于毕业生工作搜寻行为的影响仍旧不可忽略,而且家庭背景资源差距越大,这一影响凸显的就更加明显。

（二）家庭资本对搜寻信息的影响

高校毕业生从起初的工作搜寻到最终就业结果的实现,实质上是一个多方面资源配置的过程,是在特定就业市场下毕业生供求双方相互选择的结果。而就业市场的完善程度如何,又很大程度上影响毕业生的资源配置过程。随着我国经济发展和信息化程度的提高,就业市场日臻完善,毕业求职者获取求职信息的方式和途径也趋于现代化和多样化特点。除了传统的信件交流、纸质期刊和广播媒体外,互联网等新媒介成为毕业生获取就业信息渠道的首选。然而,这其中依然存在一个共性问题:即就业供求双方信息的不对称性。在我国向市场经济转型的过程中,劳动力市场分割现象已受到越来越多的学者关注和学术界的认同,所得研究结论普遍认为:我国劳动力市场分割现象确实存在而且突出,健全这一市场有利于缓解当前日益严峻的就业形势。

由于劳动力市场分割,许多劳动力供给信息不够公开和透明,而毕业生工作搜寻过程中最欠缺的就是真实可靠、及时有效的就业信息,这对于自身在就业过程中的相对竞争优势有很大影响。在工作搜寻过程中,毕业生的家庭背景资源越丰富,可能拥有更多的社会关系网络结构化层次。而这种层次越多的人,往往在就业过程中具有的优势更多(包括竞争优势和信息优势等)。

在这种情况下,家庭背景资源越丰富的求职者,可以更多地获取各种有利于自身的就业信息,缓解信息不对称等带来的不利问题。

（三）家庭资本对搜寻成本的影响

这是家庭资本影响毕业生工作搜寻过程的一个明显途径。对于少数发达国家而言,可能高校毕业生的工作搜寻成本基本上构不成财务约束,但是,在现阶段的中国,家庭资本处于弱势的高校毕业生,缴纳高额固定的学杂费,对于家庭压力已经非常大,面对"额外"的工作搜寻成本,可能要进行选择。因为搜寻成本的增加,一定程度上减少了家庭消费,从而增加了消费的边际效用,家庭的理性选择则是减少工作搜寻。随着就业压力的增加和竞争的加剧,毕业生工作搜寻成本有愈来愈高的趋势。弱势家庭资本的毕业生,由于经济原因,学校的各种费用等对他们来说已经不堪重负,要想获取额外的经济支出（如提高就业技能和工作搜寻费用等）就十分困难,进而缺乏必要的就业经费（即工作搜寻成本）,不同程度上制约了他们就业选择和搜寻范围,降低了就业成功的概率。

（四）家庭资本对搜寻期望的影响

根据劳动力市场序列寻访理论,毕业生在就业市场上能否找到自己满意的工作,首先取决于自身期望工资的高低（即工作搜寻所确定的保留工资）。在搜寻成本既定的情况下,毕业生保留工资越高,在就业市场上搜寻到合适岗位的概率就越小,搜寻时间就越长,造成失业的可能性也就越大;反之可能性就越小。而事实上,现阶段造成大学生大量失业还有一个原因就是其"高不成,低不就"的就业心态,这种心态下就会导致其搜寻期望过高的情况,造成与用人单位提供工资之间存在差距,致使一些大学毕业生处于失业状态。家庭资本处于弱势的高校毕业生,由于从小家庭经济压力的"驱使"和父辈亲人对其"望子成龙""望女成凤"

的期望,就业期望值往往也会更高。而且相当一部分家庭背景差的毕业生,把自己的就业期望定位在地理位置优越、就业竞争激烈的大城市,薪水比较高的外资、合资企业,甚至福利、待遇和社会地位较高的党政机关等,而这些职位每年竞争异常激烈,供给也十分有限,真正能够进入的人相对较少,往往是一家欢乐九家愁,造成其工作搜寻失败和竞争结果失利。

（五）家庭资本对搜寻机会的影响

家庭资本影响大学生就业机会的获得,跟我国就业市场现实和传统的社会关系特点密切相关。众所周知,我国就业市场不是很完善,就业体制也不够健全,根深蒂固上又是一个"讲人情,重关系"的社会,高校毕业生利用社会资源如何,就业优势怎么样,很大程度上与家庭资本资源的丰富程度有关。受中国长时间传统文化的影响,部分毕业求职者的就业观念和行为方式不同程度上汲取了传统社会中利用家庭资本等非制度方式获取各种资源的经验,呈现出既对各种制度的结果安排表示承认,又不同程度上偏爱利用家庭资本等传统资源获取有利信息的双重行为。改革开放以来,市场经济在国民经济中的作用日益突出,迫使传统社会体质向现代社会逐渐转型,社会结构的变动,必然会不同形式和程度上释放大量"自由流动资源",从而提供了一个适合这种"资源"发挥的"自有流动空间",加强了毕业求职者工作搜寻过程中利用制度性和非制度性两方面发挥作用的充分条件。家庭资本资源作为这种资源的重要组成部分,也就以不同形式在大学毕业生的求职和工作搜寻过程中发挥自身作用。

（六）政策建议

通过理论简要分析中,可以得出如下结论:在我国的就业市场当中,工作搜寻对于高校毕业生实现就业很有必要。尽管求职者在工作搜寻过程中受到的影响因素很多,但是家庭资本因素仍然不能忽略。在具体求职过程中,搜寻行为、信息、成本、期望和机会都会从不同角度影响大学生就业结果,而家庭资本不同,对工作搜寻过程中这几个方面的影响程度也不同,进而对高校毕业生造成不同的就业结果。

家庭资本导致的高校毕业生就业不公平现象,是当前我国高等教育发展和公共政策必然面对的一个迫切问题,也是政府和社会政策所要面对的一个重要、长期和持续性问题。

(1)进一步完善我国的就业市场体制,弱化家庭资本对个体就业的影响。由于我国现阶段的就业市场不是很完善,造成高校毕业生就业工作搜寻过程中的种种障碍,就业信息不对称、劳动力市场分割、就业政策实施不到位和毕业求职者相关保障措施不足等都很大程度上影响其就业结果的实现。所以,进一步完善就业市场,如继续坚持劳动力市场制度、健全劳动力市场信息发布机制、放松户口限制等,都可以很大程度上破除这些因素对大学生就业带来的不利因素,弱化家庭资本在其中作用的发挥,促进就业公平的实现。

(2)充分发挥政府的职能作用,加强对高等教育,特别是家庭弱势背景毕业生工作搜寻过程的资助。家庭代际效应现象之所以在我国毕业生就业过程中比较严重,政府的作用不能忽略。国内外相关文献都有证明教育能够在一定程度上缓解代际效应,而教育的发展,不管是规模上还是政策上,政府都发挥着举足轻重的作用。传统"统包统分"的就业体制下固然不对,但对大学生就业和工作搜寻不能完全放任不管,很大程度上就需要政府做好中间的纽带和推动作用,充分发挥自身职能,尽可能从各方面资助家庭弱势的毕业生工作搜寻。

(3)重视学生综合素质教育培养,多方位弥补大学生(主要是弱势家庭资本)在家庭教育上的缺陷和不足。一方面,学校从各方面加强学生素质教育的培养,对弱势家庭资本大学生要进行更加针对的教育。另一方面,大学生自我学习和完善是提高综合素质的关键,因为内因起决定性作用。外因和内因两方面的结合,不仅可以弱化代际家庭教育等方面造成的差异性,还可以提高大学生的综合能力与素质,增强自身在就业和工作搜寻过程中的竞争力。

二、正确认识家庭资本在毕业生就业认知方面的影响

(一)注重家风,建立学习型家庭

习近平总书记曾于2015年2月提出:不论时代发生多大变化,不论生活格局发生多大变化,都要重视家庭建设,注重家庭、注重家教、注重家风。父母是子女最好的老师,家庭是子女的第一课堂,因此,家庭、家教、家风建设是大学生就业认知培养途径的初始点。这就需要家庭善于发掘和丰富现有的家庭资本,注重良好家庭文化环境的培养。

首先,父母要不断提高个人素质,坚持终身学习理念,为子女树立榜样。家长在工作之余,可以通过电视、报纸、网络、自媒体等渠道,关注时事政治,接受新知识新理念。在日常生活中,严格要求自己,言传身教,营造良好的家庭文化氛围。

其次,民主的教养沟通方式,也会影响子女的性格和三观。父母要用温和民主的态度对待子女,听取并尊重他们的意见,引导孩子独立做出决定和选择。在就业过程中,父母给予子女提供参考意见即可,不能命令强求子女选择不喜欢的工作。

最后,家长应主动学习毕业生就业教育基本知识,了解毕业生就业倾向和就业需求,以及在就业过程中可能遇到的困惑,并结合自己的人生阅历和经验为子女提供必要的帮助。

(二)合理期望,给予家庭情感支持

家庭作为学生学习和生活的原生单位,为毕业生就业提供物质保障和精神支撑,因此,毕业生就业结果与家庭期望、家庭支持密不可分。

一方面对于家庭资本较丰富的毕业生来说,父母可以为子女提供较多的物质保障,免去子女经济后顾之忧。因此家庭资本丰富的家长应学会充分尊重子女的自身意愿,不要过分干预其求职倾向甚至包办工作,在条件允许的情况下让毕业生根据自身爱好和特长自由选择职业。同时家长要学会调整家庭期望,不要对子女工作地区、单位性质、薪资水平等提出过高要求,造成高家庭期望与低就业现实之间的落差。

另一方面对于家庭资本不那么丰富的毕业生来说,往往会为了解决家庭经济窘境而只选择福利待遇好的职业,对初级层次的就业需要过分看重。这种情况下,家长虽然没办法给予子女经济上的支持,但是可以给予情感上的慰藉,给予子女生活和学习的关爱,使子女在就业遇挫时能够有渠道倾述、宣泄,获得心理上的宽慰。在家庭期望上也不能妄自菲薄,不能引导毕业生在就业问题上退而求其次,应该把关注点放在子女学习生活和就业能力培养上,弱化对其未来工作的限定,鼓励毕业生多参加社会实践活动,积累工作经验,拓展人脉关系,弥补家庭资本的不足。

毕业生生活在象牙塔中,仍然会存在着缺乏经验和心智不成熟的情况,因此,家长一定要扮演好亦父亦母亦友的角色,对子女以后职业规划提出合理期望,给予子女情感支持。

（三）及时沟通,搭建"家—校"桥梁

在基础教育阶段,父母大多会与学校、老师保持密切联系,参加子女的家长会,及时与老师沟通学业情况。而在高等教育阶段,家庭与学校之间的联系十分贫乏。由于距离因素的限制,父母很少会与学校沟通交流;也有很多家长认为子女已经长大成人,不用操心生活、学习上的事,可以让其自行发展。这种认识上的误区急需改变,搭建家庭与学校沟通桥梁,对于引导毕业生树立科学就业倾向有重要意义。家长可以利用现代通信工具,如微信、QQ、公众号等网络平台与学校、孩子的辅导员或者专业课老师保持联系,了解学校对毕业生职业生涯规划的引导。在与学校保持密切沟通的过程中，家长也可以了解学校教学理念、子女专业详情等。一方面可以让父母吃下一颗定心丸，另一方面也可以让父母了解毕业生就业的具体情况，从而根据自身家庭情况，更好的为子女提供适当的帮助，充分发挥家庭资本的优势作用。因此，搭建"家庭—学校"沟通桥梁，及时沟通反馈毕业生就业实情，建立健全家校合作机制，才能更好地促进毕业生就业，提升高校教育质量。

第六章　新疆人力资源现状

第一节　高等教育人才与区域经济发展理论基础

一、人才相关理论

（一）人才

人才是指具有一定的专业知识或专门技能,进行创造性劳动并对社会做出贡献的人,是人力资源中能力和素质较高的劳动者。人才的定义有以下两个基本条件:(1)人才是有一定知识技能和专业水平的,是在各种教育下所积累的经验和基本才能;(2)愿意并且能够为社会做出贡献的人,在有意愿但没有能力的前提下是构不成人才的,只有有能力并且愿意创造财富的人才才能叫作人才。

所谓用人单位青睐的复合型人才,它包括知识复合、能力复合、思维复合等多方面,不仅是某个专业技能方面要有突出的经验,还需在相关领域具备较高的技能,简言之,其特点就是多才多艺,既在某个专业领域有一定的深度,知识面又有一定的宽度。要做到一个基本的复合是非常不容易的,往往需要多方面的学习和长期的实践积累。简言之,就是一个人要能具备两个及以上的职业所具备的素质及能力。

在高等教育的背景下,高等院校的培养计划目标就是培养复合型人才,不仅在专业知识上进行深度的教育,而且要培养学生的综合实力,包括文化基础和身体基本素质的锻炼、培养学生的创新能力、思考问题的能力、解决问题的能力。只有这样的人才才能在以后的工作中为新疆区域经济的发展带来动力。

（二）人力资本

人力资本是指劳动者受到教育、培训、实践经验、迁移、保健等方面的投资而获得的知识和技能的积累,亦称"非物力资本"。由于这种知识与技能可以为其所有者带来工资等收益,因而形成了一种特定的资本。人力资本比物质、货币等硬资本具有更大的增值空间,特别是在今后工业时期和知识经济的初期,人力资本将会有着更大的增值潜力。因为作为"活资本"的人力资本,具有创造性、创新性,拥有有效的配置资源、根据企业发展调整战略等市场应变的能力。对人力资本进行投资,会对 GDP 的增长产生更高的贡献率。

第一个将人力视为资本的经济学家是经济学鼻祖亚当·斯密,一代经济学宗师亚当·斯密在肯定劳动创造价值以及劳动在各种资源中的特殊地位的基础上,明确提出了劳动技巧的熟练程度和判断能力的强弱必然要制约人的劳动能力与水平,而劳动技巧的熟练水平要经过教育培训才能提高,教育培训则是需要花费时间和付出学费的,这可被认为是人力资本投资的萌芽思想。亚当·斯密认为经济增长主要表现在社会财富或者国民财富的增长上,财富增长的来源取决于两个条件:一是专业分工促使劳动生产率的提高,因为分工越细人们劳动效率越高。二是劳动者数量的增加和质量的提高。

李嘉图在研究中继承并发展了斯密的劳动价值学说,把人的劳动分为直接和间接劳动。他认为直接劳动是指能够创造商品的价值并投入直接生产过程中的劳动;间接劳动则指不创造价值,而是间接投在所需生产资料上的物化劳动,它只是把原有的价值转移到商品中去。李嘉图曾明确指出只有人的劳动才是价值的唯一源泉,而机器和自然物是不能创造价值的。

人力资本是以劳动者的素质或其拥有的技术、知识、工作能力所表现出来的资本。人力资本与物质资本两者共同构成国民财富。人力资本贡献率是指人力资本作为经济运行中的投入要素，通过其自身形成的递增收益，从而对经济总产出的贡献额度。

通过发达国家的经济发展可以看出，人力资本的积累和增加对经济增长与社会发展的贡献远比物质资本、劳动力数量增加重要的多。以美国为例，美国在 1990 年人均社会总财富约为 42.1 万美元，其中 24.8 万美元为人力资本的形式，占人均社会总财富的 59%。到了 20 世纪末，这种情况发生重大转变，人力资本继续保持较高增长率，而劳动力数量增长率显著下降，由 1978—1995 年的 2.4% 急剧下降到 1.0%。相比之下，人力资本增长率虽有所下降，但依旧保持着较高的增长率，并且成为劳动力贡献于经济增长的主要方式。经济增长的模式转变，对人力资本积累提出了巨大需求。

就目前研究来看，我们发现，高校人才的培养是直接提高大学生的人力资本的最主要方式与途径。学生在大学所学到的专业知识技能与人际交往能力是高校学生在高等院校学到的，并且在融入社会后能够运用上的。通过专业知识技能的学习增加自身的专业技能提高人力资本，能够成为一类专业人士，完成专业性的工作找到适合自己的位置。而人际交往时高等院校学生必须接触与了解，这样就能够更好的在学校毕业之后与社会接触，融入社会，减少不必要的人才流失与人力资本的成本投入。所以高等院校在对学生人力资本提升的过程中起到了举足轻重的地步。

（三）人才资本管理理论

人才资本管理理论主要包含两个意思：首先就是在使用已有的人才的时候进行合理的利用，采用最优的方式使人才的使用效率达到最大化，给使用者带来最大的收益。其次是在使用的过程中要进行不断的培训以及再教育，使其不断的积累知识技能与经验,在一个不断补充的环境下进行提高,提升自身的价值才能,不断的为社会带来贡献。

（四）人才培养

人才培养是指对人才进行教育、培训的过程。被选拔的人才一般都需经过培养训练,才能成为各种职业和岗位要求的专门人才。人才培养的目标是培养具有良好人文、科学素质和社会责任感,学科基础扎实,具有自我学习能力、创新精神和创新能力的一流人才。具体包含以下几个方面:得到基础研究和应用研究的训练,具有扎实的基础理论知识和实践技能,动手能力强、综合素质好;掌握科学的思维方法,具备较强的获取知识能力,具有探索精神、创新能力和优秀的科学品质。

培养人才的形式有多种,除了在各级各类学校中进行系统教育的进修外,还可采取业余教育,脱产或不脱产的培训班、研讨班等形式,充分利用成人教育、业余教育、电化教育等条件,提倡并鼓励自学成才。人才培养的具体要求,各行各业都有所不同,但总的目标是达到德、智、体全面发展。对于企业来说,人才培养是多层次的,包括高级经营人才的培养;职能管理人才的培养和基层管理人才的培养等。

二、区域经济发展理论

所谓区域的概念是指:经济活动相对独立,内部联系比较紧密,并且比较完整,具备有特定功能的地域空间。它包括三个特征:一是地域性;二是独立性;三是开放性。

经济增长通常是指在一个较长的时间跨度上,一个国家人均产出(或人均收入)水平的持续增加。经济增长率的高低体现了一个国家或地区在一定时期内经济总量的增长速度,也是衡量一个国家或地区总体经济实力增长速度的标志。投资量、劳动量、生产率水平是决定经济增长的直接因素,而生产率是指资源(包括人力、物力、财力）利用的效率。三个因素对经济增长贡献的大小，在经济发展程度不同的国家或不同的阶段，是有差别的。一般来说，在经济比较发达的国家或阶段，生产率提高对经济增长的贡献较大。在经济比较落后的国家或阶段，资本投入和劳动投入增加对经济增长的贡献较大。

经济发展是指一个国家摆脱贫困落后状态，走向经济和社会生活现代化的过程，经济发展不仅意味着国民经济规模的扩大，更意味着经济和社会生活素质的提高。所以，经济发展涉及的内容超过了单纯的经济增长，比经济增长更为广泛。一般来说，经济发展包含三个含义：经济量的增长、经济结构的改进和优化、经济质量的改善和提高。

（一）区域经济增长理论

（1）均衡增长理论：不发达地区存在着生产与消费的低水平均衡状态。主要观点包括罗森斯坦·罗丹的临界最小努力命题理论、"大推进"理论，纳克斯的"贫困恶性循环"理论等。指的是不发达地区的经济要增长，就必须要打破生产与消费的低水平均衡状态，使整个区域的经济同时获得增长。这个理论适用于落后地区经济增长的描述和开发，指出快速发展的路线，为发展中国家迅速摆脱贫穷落后困境，实现工业化和经济发展，提供了一种理论模式，并对一些发展中国家的经济实践产生了一定影响。

（2）非均衡增长理论：不发达地区存在着生产与消费的低水平不均衡状态。主要的观点包括赫希曼的引致投资最大化原理、"联系效应"理论等，指的是由于经济落后地区的资本有限，不可能大规模地投向所有部门，要实现这些地区的经济增长，就只能集中资本投入几类有带动性的部门，通过有带动性部门的经济优先发展，促使整个区域的经济得到增长。在经济发展的初级阶段和资源稀缺的情况下，相对于均衡增长而言，非均衡增长对发展中国家更具吸引力。

（3）新增长理论：知识在经济增长中日益重要，有形投资流向高技术商品生产和服务投入越来越多,人力资源开发成为经济增长的基石。卢卡斯模型主要观点是经济增长的快慢与一个地区的人力资本状况有直接的关系。经济学家罗默的阿罗模型:技术是内生变量,是经济增长的唯一源泉。熊彼特的创新理论主要观点是:人力资本成为经济增长的主要因素后,创新就成为左右经济增长的关键性行动。这种创新表现在五个方面:一是使用一种新的技术,二是开发一种新的产品,三是运用一种新的工艺,四是开拓新的市场,五是尝试一种新的组织形式,但由于"创新破坏性的存在",创新的不确定性使经济增长具有周期性的特点。这一理论成为发达地区经济增长理论的基础。

（二）区域经济发展阶段理论

区域经济的发展是一个历史的、动态的过程。国外的专家学者按照经济增长的程度、经济结构的成熟和高级化以及生活质量的改善等标准提出了不同的区域经济发展阶段理论。

1949年,美国区域经济学家埃德加·胡佛与约瑟夫·费希尔发表了《区域经济增长研究》一文,文章从产业结构和制度背景出发,指出任何区域的经济增长都存在"标准阶段次序",都会经历大体相同的过程。由此将区域经济发展划分为五个阶段:自给自足经济阶段、乡村工业崛起阶段、农业生产结构转换阶段、工业化阶段和服务业输出阶段。

美国经济学家钱纳里在对34个准工业国家的经济发展的基础上进行了实证研究,提出任何国家和地区的经济发展会规律性地经过6个阶段:传统社会阶段、工业化初期阶段、工业化中期阶段、工业化后期阶段、后工业社会、现代化社会。在不同国家、不同地区,由于国情区情不同,区域经济发展阶段表现形式也不尽相同。

中国经济地理学家陆大道认为,社会经济的空间结构是历史发展的函数,处在不断变化发展中,他提出区域空间结构的演变要经历四个阶段:农业占绝对优势的阶段、由农业经济向工业化的过渡阶段、工业化中期阶段、工业化后期及后工业化阶段。

区域经济发展阶段论揭示了生产要素流向所具有的强烈的空间含义,分析了技术创新和制度创新在区域经济发展中所处的核心地位。

(三)人才培养与区域经济发展的关系

人才和经济增长之间是对立统一的辩证关系,二者统一在社会生产活动之中,是社会经济活动不可分割的两个方面,它们相互依存,相互制约,相互适应。

高等教育提升区域经济发展的途径或者说作用,主要表现在:(1)高等教育通过高等人力资源生产和专业知识发展成为提供生产要素的重要环境条件。(2)高等教育作为直接的需求要素和文化力影响着本土的需求状况。(3)高等教育(特别是大学科研和教育)对产业群内竞争的影响直接表现在影响新兴产业的产生及传统产业的技术进步方面。此外,高校还通过积极开展创业教育,培养学生创业精神和能力,以及制定有利于师生创业的政策,从而发挥孵化作用。

经济的增长的主要动力来源于资本、劳动力、制度、技术等各个方面的投入。但是归根结底是人才的投入,各种要素的追加都是驾驭在人才的本身上,所以现在的经济增长主要是看一个地区人才的培养力量和流入量。而人才的培养特别是受过高等教育的人才主要是来自高等院校的培养。当前,区域经济在整个社会主义建设中占有重要地位,区域内的经济发展呈现整体化和综合化趋势,需要高等教育与之配合,为之服务。

科学技术是知识形态的生产力。科学技术在当代生产力发展中起着决定性作用,一旦加入到生产过程,就会转化为物质生产力,技术进步已成为推动经济增长的首要因素。

1. 经济发展是人才培养和积累的基础

经济发展是人才开发和发展的首要条件。如果没有经济发展创造丰富的物质条件,人才的数量就难以得到扩大,人才也失去了提高质量的基础。

经济发展对人才的开发和发展起着决定性的作用:首先是经济的发展决定着人才供需关系的变动。在近代的大生产建立初期,经济发展速度缓慢,经济规模也不大,与此相适应最先发展起来的是劳动密集型工业。这种工业技术构成不高,普通劳动力需求大,而人才需求量小;到了现代,随着科学技术的进步,劳动生产率提高,经济发展速度也逐渐加快,对普通劳动力的需求不断下降,对高素质人才的需求不断上升。其次是经济的发展制约着人才结构的变动,经济增长和发展状况,决定了人才的文化教育结构、部门结构、地区结构和专业结构等。

2. 人才开发对经济发展起推动作用

在现代经济中,人才作为经济行为的重要部分,是生产的管理和组织者,没有一定数量、质量、密度和结构的人才,就很难进行任何物质资料生产的经济活动,它的变动和发展也必然给经济增长带来一定的影响:它影响着国民收入总量,影响着劳动生产率,影响着经济结构,从而对经济发展起着促进或者延缓的作用。而且,人才一代又一代的生产经验和劳动技能的积累,会不断促进经济的持续发展和增长。

经济发展要依靠技术进步。要靠掌握有科学技术的人才去推出新产品、新材料、新的生产工具、新工艺;要靠有指挥能力的人才去计划、组织生产。人才在经济发展中的重要作用就在于:一是不断开拓新领域。包括新产品、新工艺、新能源、新材料、新设备、新市场、新的经营管理方式等新成果。开拓新领域的过程也是开发人才的过程,它把经济发展推向新天地,使经济发展起质的变化,并能提高经济发展中科技的含量。二是扩散新成果。新发明、新创造如果仅仅限于小范围之内,那么其所起的积极作用就会非常有限。只有把新发明、新创造由点到面扩散开来,让更多的人掌握新思想、新的知识技能,才能对经济发展起量的变化,然后在新的起点上引发更高层次的发明、创造。这才是提高经济发展质量的一个正确途径。

3.人才开发与经济发展相互依存、相互促进

人才与经济发展的适应程度,是以经济效益大小为标志的。经济效益是收益同相应劳动消耗和物质消耗的比值,也就是说是产出量和投入量的比,即通常所说的收益和成本的比。人才投入量少,而经济增长速度快、收益大,就意味着人才经济效益大;人才投入大,而经济增长慢、收益小,就意味着人才的经济效益小。

在一定的时间和条件下,经济发展的规模、速度与人才资源开发的规模、速度是协调适应的。经济发展对人才的要求,在不同地区、不同时期有不同的特点和需求。它包括了对人才质量的不同要求,人才数量的不同需求,对人才数量增加速度的不同要求以及对人才专业类型的不同要求等。

人才的质量有高、中、初之分,不都是在同一水平层次上。一般情况下,对于经济不发达地区,要根据其经济发展的实际水平和需求,通过加大人才开发投入促进区域经济发展,多培养、布局大量中、初级人才和基础专业技术人才,随着经济发展水平的提高,逐步提高其人才质量;而经济发达地区,生产技术层次较高,对人才的质量要求也比较高。因此,在考虑人才培养、布局时,要多培养、布局较高学历层次和较尖端专业技术的各类人才,以适应经济发展的需要。

第二节　新疆人力资源资本现状

人力资本对产业结构升级的效率有直接的影响,这种影响主要表现在人力资本存量及人力资本分布、内部结构的配置上,因此文章对人力资本的存量、分布结构、内部结构现状进行分析对比,此外文章还从作为人力资本未来发展潜力的重要指标的人力

资本投资的角度进行现状分析。

一、人力资本存量现状

（一）新疆人力资本存量现状

表 6-1　新疆人口普查、抽查数据一览表

年份	总人口（万人）	大专及以上	高中和中专	初中	小学	不识字很少	人均受教育年限(年)	文盲率（%）
第五次人口普查（2000）	1845.95	94.65	224.79	50S.6	699.8	103.68	7.73	5.62
1%人口抽查（2005）	2010.35	159.7	253.61	634.49	645.3	96.1	8.28	4.78
第六次人口普查（2010）	2181.33	231.53	254.56	790.6	656.3	63.52	8.95	2.91
1%人口抽查（2015）	2359.73	289.56	304.19	784.22	647.95	51.44	9.08	2.18

如表 6-1 新疆第五次（2000）人口普查数、1% 的人口抽查（2005）、第六次（2010）人口普查和 1% 的新疆人口抽样调查（2015）数据中分学历层次的人口状况所示，新疆地区的人均受教育年限由 2000 年为 7.73 年上升到 2015 年为 9.08 年，年增长率为 1.08%，同时文盲率由 2000 年的 5.62% 下降到了 2015 年的 2.18%，下降了 3.44%，可以发现新疆地区总人力资本的水平在近年来得到了较大的提升，受过高等教育的人力资本数量得到了显著提升。

（二）全疆与全国人力资本存量比较

平均受教育年限可以从一定程度上反映出一定时间内某地

区总体受教育水平,即人力资本水平。

表6-2　2001—2017年新疆与全国平均受教育年限对比表

年份	2001	2002	2003	2004	2005	2006	2007	2008	2009
新疆	7.84	7.93	7.89	8.07	8.28	8.63	8.41	8.47	8.52
全国	7.62	7.84	8.01	8.1	7.91	8.13	8.27	8.34	8.45
年份	2010	2011	2012	2013	2014	2015	2016	2017	
新疆	8.95	8.96	8.95	8.95	8.93	9.08	9.11	9.13	
全国	8.33	8.9	9	9.1	9.09	9.18	9.19	9.2	

表6-2列举了2001—2017年新疆与全国平均受教育年限的数据。从表中数据可以看出,全国与新疆平均受教育年限整体呈上升趋势,全国平均受教育年限从2001年的7.62年增长到2017年的9.20年,增长了1.98年,年均增长率为1.53%;新疆平均受教育年限从2001年的7.84年增长到2017年的9.13年,增长了1.29年,年增长率为0.96%。截止到2017年,新疆地区的人力资本水平仍低于全国的人力资本水平,增长速度也相对缓慢,可以看出新疆的人力资本水平还有待进一步的提升,来缩小与全国间的差距。

二、人力资本分布结构现状

(一)全疆人力资本分布结构现状

为了更清楚地看出劳动力各受教育层次的分布,引入教育基尼系数来描述人力资本分布的状况,教育基尼系数越小,证明人力资本分布结构越平衡,通过计算教育基尼系数,如表6-3所示,新疆教育基尼系数整体呈下降趋势,由2001年的0.25下降到了2017年的0.21,下降了0.04,可以看出新疆的教育分布结构逐渐趋于公平。

表 6-3　2001—2017 年新疆教育基尼系数

年份	2001	2002	2003	2004	2005	2006	2007	2008	2009
系数	0.25	0.25	0.25	0.25	0.24	0.25	0.24	0.24	0.24
年份	2010	2011	2012	2013	2014	2015	2016	2017	
系数	0.21	0.21	0.2	0.2	0.2	0.22	0.22	0.21	

（二）新疆与全国人力资本分布结构现状比较

通过计算全国教育基尼系数,来看近十几年新疆和全国的人力资本分布结构的发展变化,并进行分析对比发现,2001—2017年新疆和全国的教育基尼系数基本都在 0.2 至 0.3 之间,整体呈下降趋势,表明新疆与全国的受教育分部结构逐渐平衡。但新疆的教育基尼系数基本高于全国教育基尼系数,说明新疆的人力资本结构分布水平与全国人力资本结构分布水平还有一定的差距,新疆人力资本分布相对不公平,新疆应该继续不断完善教育分布体系,加大教育投资力度,建立健全的投资体系,合理分配教育资源,使新疆人力资本结构分布更合理。

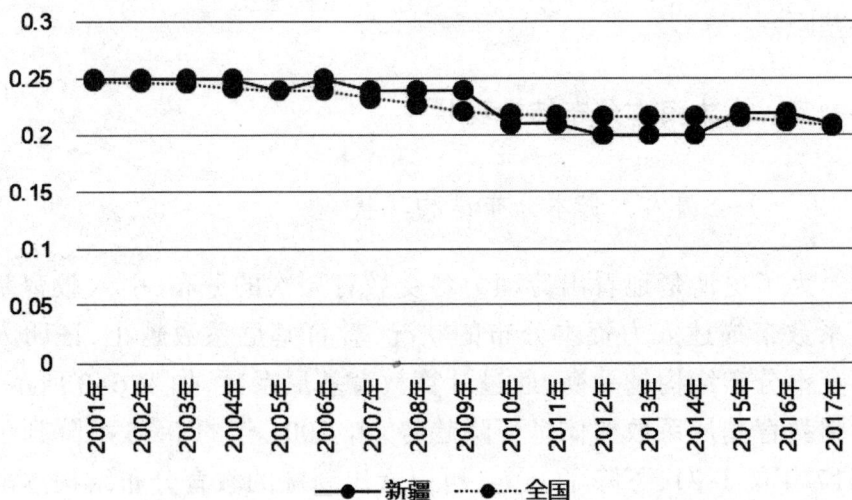

图 6-1　2001—2017 年新疆与全国教育基尼系数

三、人力资本内部结构现状

（一）全疆人力资本分布结构现状

根据人力资本受教育程度，将接受过大专、本科、研究生等教育的定义为高等教育人力资本。

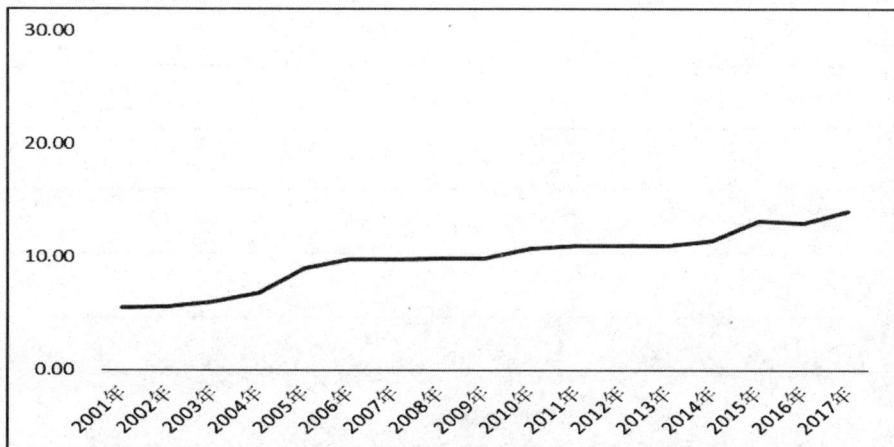

图 6-2　2001—2017 年新疆高等教育人力资本所占比例

由图 6-2 可以看出，新疆高等教育人力资本占比呈逐年上升的态势，由 2001 年的 5.55% 上升至 2017 年的 14.03%，上升了8.48%。由此可以看出，新疆的高等教育水平在近年来得到了较为明显的发展，高等教育能为第二产业、第三产业输送具备专业知识和技能的人才，从而使产业结构升级能够很好地开展。

（二）新疆与全国人力资本内部结构现状比较

高等教育人力资本比重越大，意味着人力资本内部结构越合理化和高级化。

由图 6-3 可以看出新疆人力资本内部结构与全国人力资本内部结构变化趋势基本相同，都呈逐年上升的趋势。新疆高等教育人力资本占比从 2001 年的 5.55% 上升至 2017 年的 14.03%，上升了 8.48%，全国高等教育人力资本占比从 2001 年的 5.83%

上升到 2017 年的 15.62%，上升了 9.79%。可以看出新疆人力资本内部结构高级化程度低于全国人力资本内部结构高级化程度，所以对高等教育人力资本的重视程度和投资力度都有待加强，新疆必须重视高等教育的办学，建立完善的教育体系，不断地吸纳各地的优秀高等教育人才，使其高等教育水平不断地向全国平均水平靠近。

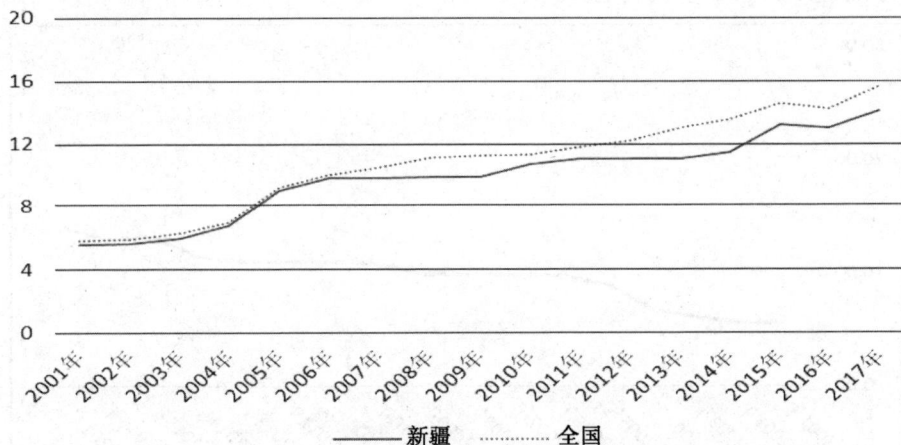

图 6-3　2001—2017 年新疆与全国高等教育人力资本占比

四、人力资本投资现状

教育经费的投入能够直接提高人力资本水平和人力资本的质量。而医疗卫生投入的提高则可以改善人口的生活质量，延长其平均寿命，从而间接地改善人力资本的水平和质量。

（一）教育投资现状

新疆的教育经费的投入由 2001 年的 804,500 万元，到 2017 年变为的 8,474,325 万元，增加了 9.53 倍。2001 年新疆普通高等学校教育经费为 131284 万元，2017 年增长为 951714 万元，是 2001 年的 7.25 倍。但是高等教育投入经费占新疆全教育经费投入的比重仅为 15%，而九年义务教育的投资比重占到了 54%，普通小学以及普通高中的投资比例增长速度最快，证明我国政府对于自治区政府的正规教育投资极其重视。高等教育学校教育投资比重虽然也在逐年增大,但高等教育投资比重所占份额仍不大,新疆应该加大对高等教育的投资比重,培养高等教育人才。

（二）医疗投资现状

医疗卫生投入的提高则可以改善人口的生活质量,延长其平均寿命,新疆对医疗卫生的投资力度在近几年得到了很大的提升,2017 年新疆卫生健康投资为 232.32 万元,新疆地区的卫生机构数逐年增加,2001 年到 2017 年,全疆卫生机构由 7309 个增加到 19057 个,增长率为 2.61 倍。其中北疆卫生机构数由 2001 年的 4683 个增长到 2017 年的 10269 个,翻了 2.19 倍;东疆卫生机构数由 2001 年的 501 个增长到 2017 年的 895 个,翻了 1.78 倍;南疆卫生机构数由 2001 年的 2130 个增长到 2017 年的 7893 个,翻了 3.71 倍。可以看出新疆对南疆的医疗投资增加额最为显著,但由于南疆人口占新疆总人口比重较大,每万人口拥有的医疗卫生机构数排在新疆较靠后的位置,针对南疆的医疗投资力度还需要进一步的加大,医疗投资体系进一步完善。

五、产业结构现状

（一）新疆产业结构现状

随着西部大开发战略的不断落实,以及经济发展战略的不断优化调整,新疆地区积极地响应了国家以经济建设为中心的号召,不断的对经济进行发展,20 世纪以来新疆加大了对资源型优势的转化力度,将经济优势战略作为主要的发展战略加快了农牧现代化以及新型城镇化的建设速度,实现了产业结构的进一步优化。

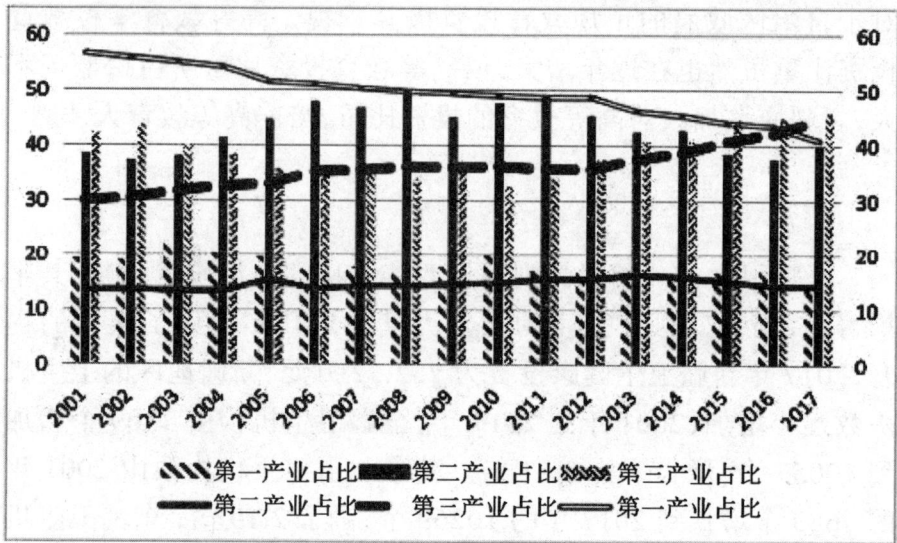

图 6-4　新疆三次产业占 GDP 的比重及三次产业就业人数占比

图 6-4 表示了新疆三次产业占 GDP 的比重及其就业人数占比,从图中数据可得,第一产业的比重呈下降趋势,而第三产业的比重正逐年上升,特别是在 2016 年,第三产业的比重第一次高于了第二产业。全疆三次产业占 GDP 的比重从 2001 年的 19.3%、38.5%、42.2%,变为 2017 年的 14.3%、39.8%、45.9%。三次产业就业人员所占的比重由 2001 年的 56.64%、13.45%、29.91% 变为 2017 年的 40.88%、14.42%、44.7%。从 2001 年到 2017 年,第一产业下降 10.7%,第二产业、第三产业分别上升 1.3% 和 9.4%,对应就业人数第一产业下降 15.79%,第二产业、第三产业分别上升 0.97% 和 14.79%,由此可见,新疆的产业结构正在持续升级和调整,原本大量集中在第一产业的劳动力开始向第二、第三产业转移,而且第三产业的影响力正在持续增强,新疆产业结构正在由劳动密集型产业向知识技术密集型产业发展。

（二）全疆与全国产业结构现状比较

我国自改革开放以来,政府就不断地加大对新疆的经济扶持力度,虽然新疆产业结构的升级和调整在近几年的情况较为良好,但产业结构水平还是相对较低,将新疆产业结构发展情况和全国产业结构进行比较。

表6-4　2001—2017年新疆与全国产业结构变化对比表(%)

年份	第一产业		第二产业		第三产业	
	新疆	全国	新疆	全国	新疆	全国
2001	19.3	14.0	35.5	44.8	42.2	41.2
2002	18.9	13.3	37.4	44.5	43.7	42.2
2003	21.9	12.3	38.1	45.6	40.0	42.0
2004	20.2	12.9	41.4	45.9	35.4	41.2
2005	19.6	11.6	44.7	47.0	35.7	41.3
2006	17.3	10.6	47.9	47.6	34.8	41.8
2007	17.8	10.3	46.8	46.9	35.4	42.9
2008	16.5	10.3	49.5	46.9	34.0	42.8
2009	17.8	9.8	45.1	45.9	37.1	44.3
2010	19.8	9.5	47.7	46.4	32.5	44.1
2011	17.2	9.4	45.8	46.4	34.0	44.2
2012	17.1	9.4	45.3	45.3	37.6	45.3
2013	16.9	9.3	42.4	44.0	40.7	46.7
2014	16.5	9.1	42.7	43.1	40.8	47.8
2015	16.7	5.5	38.6	40.9	44.7	50.2
2016	17.1	5.6	37.6	39.8	45.1	51.6
2017	14.3	7.9	39.5	40.5	45.9	51.6

从表6-4可以看出:我国第一产业在2001年至2012年期间呈现出较为明显的下降趋势,同时在这一期间,第三产业的发展速度不断加快,从2012年起,我国的产业结构已经转变成了"二、三、一"的产业结构模式;自2012年,新疆的第二产业的占比开始呈现下降态势,而第三产业的占比呈现突飞猛进的上升趋势,新疆产业结构于2015年正式变更为"三、二、一"的产业结构模式。由此可见,新疆正在逐步缩小自身产业结构水平与全国的差距。

随着社会经济不断发展,毕业生的就业观也随之发生了变化,朝着更加科学合理的方向转变,更加满足社会发展的需求。但是由于就业形势有多种因素干扰,因此,就业压力突出,导致了毕业生的就业观念出现了各种偏差,这都是目前急需解决的重要问题。

第三节　新疆高校毕业生就业问题

一、政府方面

(一)新疆产业结构不合理

区域经济的发展战略影响着大学生就业的产业结构。十三五期间,新疆的经济社会发展在"十二五"基础上有了进一步的提升,尤其是在"一带一路"的重大倡议引领下,新疆由内陆地区上升为丝绸之路经济带对外开放的前沿与窗口,但是产业整体结构上看,与东部地区比较,新疆的第三产业仍有待进一步提升。第一产业对大学生的需求减少,第二产业发展缓慢,对大学生需求不足。与中东部地区相比,新疆的工业发展还是相对不高,劳动密集型企业相对较少。

通过对经济增长与就业关系研究发现,产业的合理调整能够有效促进和吸纳过剩的劳动力。新疆第三产业有很大的发展空间,能够吸纳大量的劳动力,并促进经济增长,第三产业有很大提供就业的空间,新型产业的出现和发展是解决就业问题的另一个出路,因此应该大力发展第三产业的新型行业。

(二)政府对于就业政策不完善

政府对市场环境具有一定的协调作用,新疆高校毕业生在就业中也受到政府政策的直接或者间接的影响。

　　我国在不同阶段均具有不同的就业政策,随着高校的不断扩展,我国越来越多的学生接受到高等教育,从而为我国培养了更多的建设性人才。在高等教育普及的环境下,我国的教育事业也得到迅速发展。但是再扩招也从一定程度上导致了市场环境中的新疆毕业生数量出现明显供大于求的现象。政府早已意识到当前市场经济环境下的高校大学毕业生就业的严峻性,从国家层面实施了"西部志愿者计划""农村特岗教师计划""三支一扶""大学生村官"等政策,但是现实情况是这些项目的资金扶持力度相对较少,部分毕业生参加了这些项目,且留在了偏远地区的基层岗位工作,但是收入水平与同学相比相对较低,导致参加这些项目的积极性并不太高。还有一部分新疆毕业生对国家的相关就业政策了解不透彻,导致政策的实际应用效果有所偏差。

　　与汉族大学毕业生相比,新疆少数民族大学生就业相对困难。新疆少数民族大学生大多来自环境相对封闭、经济相对落后、地域相对偏远的少数民族聚居区,当他们带着本土文化的印迹离开生源地,步入发达的现代经济社会中,不仅要面对普通大学生群体所面临的激烈的就业竞争压力,同时要面临适应新的文化环境、生活环境及新的价值观冲击;新疆少数民族区域有自己的生活习惯、文化信仰等,高校毕业生在受到以上因素的影响作用下,就业过程中不但要对自己的能力以及专业等进行考虑,同时也必须要对地域文化、家庭因素、生活环境等因素进行考虑;在当前发展环境下,政府也开始注重引进高层次人才,积极推动新疆经济社会发展,近几年,新疆和新疆生产建设兵团加大了疆外生源的人才引进力度,这进一步加剧了新疆高校大学生,尤其是新疆高校少数民族大学生就业的困难。

　　从招聘单位区域来看,面向新疆高校毕业生招聘的单位大多是新疆本地企业,这就导致了新疆高校毕业生的就业信息渠道也非常少,供需渠道相对而言比较单一,并且也不够畅通。有些单位通过各类平台发布不同的招聘岗位,但是进行综合分析之后能够发现其岗位基本一致。另外还有一些中介参与其中,为能够获取一定利益,故意隐瞒相关信息,必须在实施缴费注册之后才能够查看。这种情况也就进一步导致供需双方信息不够畅通,无法确保高校毕业生及时有效的得到就业信息,并且也进一步增加了用人单位招聘及就业学生就业成本。新疆高校毕业生在就业中就业信息渠道不够了解,只知道高校老师所发布的一些招聘信息和国家大型考试。甚至有些用人单位想招聘一些少数民族毕业生,但是并没有找到有效的信息发布平台,导致新疆高校毕业生就业效果不佳。

二、经济发展方面

(一)新疆经济发展需要大力发展高等教育

现今新疆高等教育无论是在发展规模上还是在发展速度上都没能充分适应新疆区域经济发展的要求。为了使新疆高等教育更加有效地促进经济发展,就必须充分发挥高等教育的作用,因此,必须充分发挥职业教育的作用,根据适应经济和产业发展对多层次,多规格人才的需要和合理配置人才规律的要求,适当扩大高等教育规模,提高发展速度,为经济发展提供足量的人才保障。新疆经济发展的特点是传统产业的劳动密集型产业占主导地位,第一产业较强,二、三产业相对薄弱,在市场体制转型和产业结构调整过程中,适当调整人才培养的方向和技能,以此为基础推动新疆经济的快速发展,从人才结构上主动适应就业结构的调整需求,为二、三产业发展提供数量充足的高水平、高层次技术人才,从而使新疆的人力资本结构更趋于科学化、合理化,有利于其效用的最大发挥。

(二)资金投入不足,办学经费紧张

新疆作为我国的经济欠发达地区,其经济发展的工业化水平还较低,新疆的地方财政收入有限,对高等教育的投入捉襟见肘,

心有余而力不足。而充足的经费是高等院校发展的物质基础,目前新疆高等院校面临着财政投入不足的问题,而高等院校扩大办学规模、提高办学质量所需要的基础设施建设、图书实验实训设施的添置等大量资金投入都要求学校自筹解决;新疆地区资金投入不足是制约高职院校发展的重要因素。

（三）校企合作松散，产学研结合不紧密

以前新疆的规模企业数量少、规模小,很多只是高耗能的加工型企业,对研究生等高素质应用型人才的需求不是很大。同时,高职院校也没能具体分析本地企业的具体需要,只是一味地为办学而办学,为企业服务的能力不够。而且在校企合作方面,多数不够紧密,大部分高等院校虽做了一些尝试,但与企业合作的深度不够,一些高等院校在产学研一体化发展之路上大都停留在重理论教学、轻专业技能和科研成果的开发,不能把专业变产业,更做不到以产业促专业发展。随着新疆工作会议的召开,新疆迎来了新的发展机遇,中央加大了对新疆的投资和发展力度,随之而来的对高等教育人才的需求也不断加大,对新疆的高校也提出了新的要求,高等院校培养高素质、应用型、技能型人才服务当前新疆经济发展目标的特殊性决定了高等院校发展必须与行业、企业紧密联系。

三、学校层面

（一）新疆高校专业设置滞后于经济发展

在计划经济的条件下,高等院校毕业生是社会的稀缺资源,指令性计划下的统招、统分暂时掩盖了学非所用、用非所学的供需矛盾。随着社会主义市场经济的建立和完善,高校人才培养与社会人才需求之间的矛盾日益凸显。

近年来,新疆高校毕业生的就业率与全国平均就业率基本持平。但是，我们也注意到，随着高等教育的普及，大众化的推进以及"市场调节，自主择业，双向选择"为主的毕业生就业政策的实施，新疆高校毕业生已经开始出现供需基本平衡和结构性暂时相对过剩的情况，毕业生就业压力逐渐增大。

从高校的人才培养方面来看，部分学科的专业设置滞后于新疆经济发展的要求。比如有的学校定位于一些特色专业的发展，而一些高校专业结构同社会的产业结构、行业需要不相符，存在着办学特色不明显，定位不准确，办学模式结构不相适应的问题，导致专业设置重复，人才培养质量不高，不能满足社会的实际需要，导致社会认可度不高，并由此引发了学校的初次就业率不高，报到率不高，甚至出现了一些高校的志愿生源普遍不足的现象。

一方面高校学科专业还存在着设置雷同，布局分散的特点，未能形成各高校独有的特色和优势。尽管高校加快了调整学科专业设置，缩减了一小部分社会需求量小的专业，但还是跟不上新疆经济发展对人才需求的变化，每年的毕业生中仍然有许多人找不到与专业适合的单位。而一些当前新疆经济发展急需的高层次人才和社会新增行业急需的人才，受师资、人才培养模式等因素的限制，新疆高校在短期内难以培养出来。这样一来就导致了有人没事干和有事没人干的现象并存。

（二）新疆高校人才培养模式滞后于经济的发展

一是新疆的高等院校绝大多数是由地方政府部门主管，依靠行政命令手段建立的，适应市场能力较差，且新疆的一些高校都是属于职业院校、专科学校与本科院校进行的合并，师资和专业上的弱势导致新疆的各个高校在短时期内难以形成学科及科研上的强势。二是新疆的许多高校一味地向内地重点高校的教学管理模式靠拢，在学校的办学定位、人才的培养模式、教学的内容与方法，甚至在教材的选择上偏离了新疆发展的实际要求，严重影响了新疆高校院校的发展。三是新疆从计划经济转向市场经济转型的过程中，社会各行各业的发展步伐加快，这就使得新疆经济发展对人才的需求呈现出快节奏和多元化的特点。而当前新疆高校人才培养无法适应人才需求的多变性、现实性，导致了在人才培养上出现了盲目、无所适从的现象。同时，由于各行各业劳动生产力都在不断提高，社会竞争的加剧，在人才使用成本相差不大的情况下，各用人单位都在追求人才的高学历，出现了"能招研究生的，不招本科；能找本科生，舍弃专科生"的用人现象，使得人才不能尽其用，产生了人才的高消费和浪费。

（三）新疆高等院校在校生规模和人才质量提高不同步

近年来，新疆高校在校生规模和毕业生人数迅速增加。全区高校普通本、专在校生由1998年的4.6万人增长到了2018年的37.49万人，在校少数民族学生数量不断增加，新疆高等教育毛入学率也由1998年的8%提高到了2018年的42.07%。新疆高等教育与全国同步实现了由精英化教育向大众化教育阶段的历史性跨越，毕业生人数也呈现出逐年增长的趋势。

新疆在2002年以前实行的都是毕业生分配制度，这就使得许多高校只顾埋头培养，却对毕业生的就业去向考虑较少。2002年实行毕业生就业制度改革以后，很多高校还没有完全树立起面向市场，以就业为导向的办学理念。一些高校管理松散混乱，只知追求数量的扩张，却不重视教学质量的提高，培养出来的毕业生基础和专业知识不够扎实，实际工作的能力低下，思想政治素质不高，敬业精神比较差，难以达到用人单位对人才的质量要求。同时，由于现行的用工制度、人事管理体制、毕业生待遇等因素的影响，许多学生毕业之后，只想进党政机关、事业单位、国有大中型企业，缺乏深入基层、艰苦创业的思想意识，不愿意到基层和艰苦的工作环境去工作。这就导致了一些艰苦和基层单位门庭冷落，难以招到高等人才的现象。

（四）新疆高校学生缺乏创新力不能满足经济发展要求

相对内地高校而言，新疆高校的毕业生创新能力还是较低的：一是缺乏创新观念和创新欲望。许多毕业生缺乏行动的信心，虽然不满足于现状，但对于自己如何解决、能否解决当前的不足比较迷茫。二是缺乏创新的兴趣。毕业生的兴趣往往随着心情、环境、时间经常变化，缺乏持续性。三是缺乏创新的毅力。一些毕业生在实际工作过程中虎头蛇尾，见异思迁。四是缺乏创新所需的观察力。五是缺乏创新性思维能力。大学生是具有创新潜力的，在学校期间只要采取适当的方式方法进行培养和教育，就能提高和激发他们的创新能力，相反，大学生的创新潜能很可能萎缩以至消失掉。

四、用人单位方面

（一）盲目追求高学历

作为就业市场的需求方，用人单位的选择标准在招聘时对大学生是至关重要的。用人单位对人才层次的要求与社会经济的快速发展是分不开的，如今高新技术不断的更新，用人单位对大学生的招聘标准也不断提高。然而，高学历的毕业生并不是任何用人单位和工作岗位都需要。许多用人单位在招聘职员时，一味地限定学历一定要是本科及本科以上学历，人为地提高了选录用标准，其不结合自身的实际情况和工作岗位的实际需要，造成了重学历而轻能力的局面。另外，还有一些用人单位，通常把"211"学校、"985"学校、"双一流"高校、英语四六级、计算机证书等作为招聘人才时的硬性标准。但众所周知的是能力的形成，是在实践经验中不断摸索完成的，而大学教育所提供的专业教育知识仅作为大学毕业生将来生活的基础，这种基础只是为了让大学生在学习其他技能时更加便捷易懂，为其以后生活工作做好准备。然而，有很多用人单位通过这种直接的划分等次的方式，简单粗暴的对高校毕业生进行分类，导致了人力资源分配不均的现象的初心，同等能力稍低学历的学生的就业压力无形中变得更大了。其实,大学毕业生反应迅速学习能力强,具有很高的可塑性,只需要稍微进行一些正确的引导,给其适当的提供一定的机会,相信在不久的将来,很快就能给用人单位带来一定的效益。因此,用人单位一味的追求高学历的硬性标准使得大学生就业难的问题更加凸显。

（二）用人单位用工歧视

由于市场经济的快速发展,就业竞争压力剧增,人才市场中出现了供大于求的局面,就业歧视便产生了。就业歧视主要体现在用人单位在招聘时设置各种硬性标准,其包括对求职者的性别、年龄和学历等都进行严格的要求,使毕业生得不到公正的对待。罗开元认为就业歧视是指:"用人单位在招聘时,不以求职人员的工作能力、经验、专业技术等岗位所需的要素作为录用劳动者的条件,而是以与岗位工作没有必然联系的求职者的性别、年龄、容貌等与劳动岗位职责无关的条件作为标准,对求职者进行区别对待,限制甚至剥夺求职者劳动的基本权利"。例如在一些职位上部分用人单位更偏向聘用高学历的毕业生认为其劳动效率高,致使部分大学生失去了公平竞争就业的机会。因此用人单位不应从劳动效率上衡量大学生的价值,尽量减少用人单位随意设置障碍、提高标准行为,使绝大部分毕业生受到公平对待。尽管目前的状况是大学生本身无法改变的,但应从各个方面尽量去维护大学生权益,使大部分大学生在面对就业难的局面时不再手足无措倍感茫然。

（三）招聘条件脱离了毕业生实际

很多用人单位为了快速创造价值,拒绝录用没有实际工作经验的毕业生。用人单位过分要求毕业生拥有相关工作经验,我们经常会看到有些学生仅是因为没有社会实践经验而被拒之门外。但是在实际中,排除一些特殊岗位的实际要求,大部分岗位在就业之后均需要进行培训,高校学生在校主要学习理论知识,相对而言实践能力较差。在走上岗位之后首先需要进行相应的专业培训和实习。因此对用人单位来讲,这方面处理中也存在一定的不妥。

五、大学生自身方面

(一)就业观念有待提高

随着各大高校的不断发展与扩大,教育文化的转型,就业市场也发生了巨大的改变,由以前的高等教育转变为现今的大众教育。面对就业问题,还存在着一些"要、靠、等"等思想;以及就业竞争意识弱,对自身价值无法正确客观衡量。

面对大学生现今的求职择业问题,部分学生和家长都存在着误区。有的人会认为,只要学历高,成绩优秀,荣誉证书多,肯定可以找到一份薪水高、待遇好的工作。也有部分学生,面对自己的能力,表现出自卑的心理,觉得自己做不到做不好,不主动,不敢展现自我,就造成不愿意主动就业的现象。这些也和学生的家长所从事的职业、所处的社会地位、经济能力以及生活现状有一定的关系。

目前在大学生就业中,仍存在把工作单位当作"有偿实习场所"和"跳板"的现象。多数大学生在临近毕业之际不结合自身的实际情况,而是将用人单位当作垫脚石;也有部分毕业生想创业,但缺乏创业必备的信心。只有少数毕业生认为创业优于就业;然而就大多数毕业生而言,普遍存在"毕业难不如再考研"的现象,考研已成为一种趋势,一种逃避就业的现象。

在就业上,大多数毕业生普遍追求稳定,"公务员"已成了一种热潮。正如马斯洛的需求层次理论,由低级需要逐步上升到高层次需要。随着生活水平的逐渐提高,大多数大学生家庭条件也不断得到改善,大学生也越来越追求高品质的生活,而一份稳定的工作正是其实现的一种途径。

在大学生择业过程中往往都存在着各种不同的思想,"重实惠、轻理想","重物质、轻精神","重城市,轻农村"等思想,多数毕业生希望到经济发达的大城市就业,以及政府机关、国有大中型企业、事业单位,都更趋向于追求安逸舒适的工作岗位和环境,不愿意到偏远地区和基层单位以及民营企业、私营企业等非公有制企业。而这些偏远的地方正是需要大学生的地方,但是大部分毕业生不愿意到艰苦的地方工作,对于已分配去的大学生,都争相去竞争好的职位,而那些没有竞争成功的,也因此丧失了很多的就业机会。还有部分大学生在就业合同方面欠缺诚信意识,在和用人单位签约后又随意毁约,一方面,大学生的整体形象受到影响。另一方面,也影响到大学生就业市场的秩序,同时也损害了用人单位的利益和高校的办学声誉。

（二）就业定位有待加强

面对严峻的就业压力,大学生更应该结合自身情况来进行自我定位,明确自己适合做什么,自身的优缺点,更重要的是认识到社会需要什么样的人才。当然,大学生在就业中的自我定位往往会出现以下几个问题。

1. 自我定位不准确

很多大学生在面临毕业的时候,急于心切,随意的投简历,不管适不适合自己,但是投的次数与得到的回报成反比,究其原因,就是学生的职业意向需求过高,而用人单位不能满足其职业意向。因此,在进行单位应聘的时候,要搞清楚几个问题,比如,这个公司你能做什么,你适不适合做,以及你有什么能力去胜任,所以,毕业生一定要对自己有一个准确的自我认识与评价,分析自身的优缺点,准确的自我定位才是关键。当这两种看法一致时,那么结果就是显而易见了。

2. 对第一份工作的选择处于迷茫状态

有些人会认为,毕业后先找一份工作养活自己,随意的去应聘一份工作,更多的只是短暂的去工作,但是却不知第一份工作对以后的人生发展有很大的影响,它决定你职业生涯的起步,决定你以后所接触的人际圈,因此,冷静,谨慎认真的选择才是根本。第一份工作不是一种生活的敷衍,而是人生发展的开端,因此大学生选择工作的时候,不能抱着养活自己的心态,而是要认真思考选择。

3.不会判断好的工作机会

对于好的工作机会每个大学毕业生都会有自己的认识,比如外企好,国企好等,但是当有多个好的机会可以选择的时候,就会开始产生顾虑,不知如何选择,最后白白丧失好的机会。其根本就是很多大学生并不知道怎么去判断一个好的工作机会,好的工作机会包括四个方面,分别是思维、社会资本、技能和知识结构方面。第一方面,这个单位是不是有助于形成你的思维,能不能让你得到新的思维方式。第二方面,在这个单位你可不可以获得社会资源。第三方面,这个工作是不是能够带给你某些专业的技能,通过工作你可不可以在某个领域成为一个专业人员;第四方面,这个工作是不是有助于拓宽你的知识技能。如果一个工作单位四个价值都不能达到,那么这样的单位并不是一个好的工作机会。

(三)就业心理有待改正

首先,大学生在经历了中考高考这些关键性转折之后,毕业之后面临的就业问题就成为其人生的又一次重大转折点。近些年发现大学生在真正面临就业选择时,大多数都会做出不成熟的决定,在选择就业时都期望能够得到一个充分发挥自己才能的理想岗位,从而造成工作不稳定的问题。一部分大学生对择业缺乏充分的认识,没有足够的心理准备,在择业问题上存在盲目乐观和依赖的心理,择业动机不强、目标不明确,认为择业是很容易的,从而不及时提升自身的竞争优势。由于知识储备不足以及竞争意识不强,当真正面临毕业就业时,才意识到自己的缺失。

其次,大学生在择业中对美好未来的追求和憧憬十分强烈,对自己将来的发展有远大的抱负,但由于工作经验不足,阅历尚浅,不能全面正视社会。毕业生渴望走向社会,尽快发挥自己的才能和证明自己的价值。但是面对强烈的市场竞争,大量人才而导致无情淘汰,往往会感到茫然无措。由这种理想脱离客观与主观现实条件的现象产生强烈的矛盾心理。

再者,有些大学生因工作经验,知识储备,家庭条件,交际能力等方面的某些不足而出现了一定程度的心理疾病,产生一定的自卑心理,自卑心理使得自己对自己缺乏认可,没有参与就业竞争的勇气。由于这种自卑心理,在应聘过程中的紧张使自己的才能特点不能大量的反馈给用人单位,不能够主动参与竞争,陷入了不战而败的困境之中,信心不足直接制约了大学生自己的就业空间。尤其是现如今的社会家庭构造多为独生子女,他们在生活中倍受父母的宠爱,缺乏独立自主能力,缺少团队意识,自我观念过强,在面对复杂的社会和严峻的就业形势表现出焦虑不安,排斥社会,不想融入社会。这使他们的学习与生活有了更大的困难,尤其是心理上的落差与煎熬。

最后,大学生在择业时出现“眼高手低”的情况,制定目标过高,动机过强,但是没有认清现实与自己的能力。现如今,大学生的择业动机受很多方面的影响,家庭、社会、市场、学校以及各种社会舆论等。大学生往往缺乏社会经验,在不深入职场的情况下,对自身能力了解欠缺,一味追求大单位的工作机会,即使进了好单位工作,后来因为无法施展才能,对工作不适应,结果身边的同学都就业了,自己还在为工作而苦恼。

（四）就业能力和素质有待提升

随着科技、人才、社会经济都在以飞速前进时,社会就业形势十分严峻,所以,对新世纪的新人才有了更高的要求。现代企业都讲究用人求“实”不求“高”。拼学历已经不再是时代主题,企业更注重的是实战能力,工作经验,所以出现了大专,技校这样的技术型人才较研究型人才更抢手的现象。对于企业来讲,理论结合实际,技术配套知识,能够给企业带来实际效益的才是所需求的人才。只有毕业大学生在提高自身的综合素质,提高自己的竞争力,才能在企业的优中选优中脱颖而出。

但是现在由于种种原因毕业生质量并不是很强。他们在大学时期的知识储备不足,合作机会少,同时在校园生活中没有积累工作经验,创新意识也不够强,无法达到用人单位的要求,随着大学扩招,我国高等教育的大众化,很多人认为熬过高中有了大学的录取书就可以肆无忌惮的玩乐,把大学当作一种保障,荒废学业,没有将自我综合能力提升作为目标。这种是社会发展所出现的现象,高校专业设计不合理,市场与学校不接轨等原因,增加了大学生就业难度。

大学生在进入大学后接触社会以及工作方面机会很少,同时很少有人主动去积累工作经验。这导致他们在人才市场的竞争中处于不利地位。大学生在就业问题方面主要的绊脚石就是缺乏工作经验,没有招聘经验。而大学生在技术方面也是能力不足,这不利于他们的选择,一些企业由此不招收大学生应届毕业生。

大学生需要清醒地认识到,缺少工作经验是应届毕业生的普遍现象的特点,但不是个人缺点,不能因此而缺少信心,不能盲目悲观,这是很不利于找工作的。大学生在大学期间应该争取全面发展自己,完善自我,提前做好就业准备,应该积极面对当前激烈的就业竞争形势。同样大学生需要调整自己的就业期望值,努力提高个人的就业竞争力,不断提升综合素质使自己无论在知识储备,工作能力和竞争力上都处在优势地位。

（五）创业意愿及创业能力有待加强

创业意愿是对创业行为的一个最好的预测指标,是对潜在创业者主观态度的一种体现,具有很强的预测效力。Bird 其定义为"将创业者精力、注意力和行为引向某个特定目标的一种心理状态",并指出"由灵感激发的创业想法如果想付诸实践,那么必须有创业意向的引导"。根据笔者(张明、王龙淼)2017年开展的《新疆高校毕业生创业意愿调查》发现,新疆高校毕业生创业意愿的困境主要有四个方面:一是毕业生总体创业意愿较高,但创业实践比例低。当前大学生在创业上普遍存在一种"意愿强烈、行动不足"的悖论状,新疆毕业生创业意愿超过80%,高于在全国和经济发达地区水平,但就历年的创业实践来看,新疆高校毕业生创业率远低于全国平均创业率。二是资金和经验缺乏是制约创业的主要瓶颈。北京大学发布的《中国人力资源服务业白皮书(2010)》显示:大学生创业启动资金主要来源为家庭或同学拼凑。《中国大学生就业创业发展报告(2013—2014)》指出:在众多大学生面临的创业困境中,个人创业能力检验不足出现的频率最高,超过总人数的一半。三是创业教育覆盖面不够,学生满意度不高。目前新疆各高校均开设了就业创业课程,但只有68.8%的毕业生明确表示在校期间接受过创新创业教育。由于缺乏针对性的创业课程设计、创业教师队伍和创业实践平台建设相对滞后等因素,毕业生对新疆高校创业教育认可程度较低,认为非常满意的为2.1%,很不满意和不满意的为22.50%。四是少数民族学生创业意愿需要进一步激活。少数民族大学生是新疆高校毕业生的重要组成部分,但当前少数民族毕业生创业意愿显著低于汉族毕业生,一方面少数民族毕业生多来自经济欠发达地区,由于地域和文化差异,难以得到良好的创业环境熏陶;另一方面是由于语言、生活习俗、基础教育等因素影响,对创业教育接受较晚、较少,导致少数民族大学生创业意愿不足。

　　另外,家庭也会对大学生就业问题产生一定的影响,父母是子女的第一任教师,父母不同的价值观会直接影响到孩子的就业观念。有部分大学生由于家庭背景和人际关系,就直接安排学生工作,这是当前大学生就业的理想途径。可是大部分学生的家庭还是不可实现的。刚刚毕业的大学生就是一个矛盾体,他们面临着人生中又一个大的转折点。有的大学生专业能力不足,但都是过于强调自我价值的实现,对工作期望过高,就业呈现出盲目性。大学生在毕业找工作时,由于父母的价值观和传统的思想观念,总是希望孩子找一个稳定、体面的工作,尤其是事业单位和国企,而且还要求孩子找一个可以离家近的地方工作,这样太过局限的要求就会致使大学生产生就业压力,失去自主择业的机会。通常情况下少数民族家庭中的父母,对于政府具有非常强的依赖性,具有非常浓厚的民族情结,希望子女毕业以后回家乡政府机关、事业单位工作,对于自己子女的期望过高,因此对于高校毕业生的就业问题,通常情况下会首先对自己的利益全面考虑,非常注重自己的社会地位。高校毕业生在就业过程中承载着社会及家长对自己的期望,因此容易对自己出现过高定位,强烈希望能够实现自身价值,因此在就业过程中心理压力过大;就算是部分新疆高校毕业生在就业压力的影响下,到新疆之外的地方找工作就业,但是最终也可能会因为受到家人的反对而放弃。鉴于我国的经济增速与高校扩招后毕业生人数的增长幅度间存在着较大的矛盾,出现了毕业生与社会需求间供求不平衡的现象。因此,要想在这竞争激烈的社会中留有一席之地,毕业生的自身综合能力是关键。此外,自我认知,就业矛盾心理以及价值取向等是影响毕业生就业观的主要因素。

第七章　新疆高校毕业生留疆就业对新疆稳定和发展中的作用

新疆的高等教育在党和政府的重视与支持下获得了飞速的发展,新疆各高校不仅是培养高层次专门人才的重要阵地,还承担着宣传党和国家民族政策,传承各民族文化的重要任务。为党和国家在研究制定民族理论和民族政策、维护祖国统一、巩固民族团结等方面起到了十分重要的作用。特别是改革开放之初,随着我国由计划经济逐步向市场经济的转轨,新疆也出现了人才大量向内地流动的现象。这在一定程度上影响了新疆经济发展的后劲和长远发展。尽管新疆为稳定人才、吸引内地人才制定了一些政策,但由于各方面原因,人才匮乏始终成为影响新疆稳定发展的瓶颈性因素。近年来,随着高校扩招规模的不断加大以及内地就业形势的日益严峻,越来越多的内地高校毕业生选择新疆就业,同时,新疆高校所培养的内地生源留疆就业的比例也大幅上升。但同时我们也应该清醒地看到,由于各种原因,新疆和全国平均发展水平相比还有相当大的差距,即使是在新疆区域内,南北疆之间、少数民族地区之间经济发展之间也存在很大差距。

第一节　新疆人才工作面临的严峻形势

"一带一路"愿景与行动是党中央、国务院在洞察全球发展形势、统筹国内国际两个大局的基础上提出的重大国际合作倡仪。2015 年 3 月,国家发展改革委、外交部、商务部联合发布的《推动共建丝绸之路经济带和 21 世纪海上丝绸之路的愿景与行动》中明确指出,要"发挥新疆独特的区位优势和向西开放重要窗口作用,深化与中亚、南亚、西亚等国家交流合作,形成丝绸之路经济带上重要的交通枢纽、商贸物流和文化科教中心,打造丝绸之路经济带核心区"。毫无疑问,在"一带一路"建设过程中,新疆迎来了新的发展机遇,也面临一系列挑战。新疆要打造"丝绸之路经济带核心区",不仅需要大量财力、物力支持,更需要大量的智力和技术支持。当前,人才紧缺问题已经成为制约新疆事业发展的瓶颈之一。在推动"一带一路"愿景实现、打造"丝绸之路经济带核心区"的进程中,解决好人才紧缺问题、特别是高层次人才紧缺问题是新疆亟待解决的一项重要任务。

一、新疆人才开发存在的问题

(一)人才流失较为严重

新疆是我国重要的工业基地,也是我国著名的种植基地。在我国经济发展战略中占据了很重的位置,但是由于新疆的自然环境恶劣、薪酬待遇较低等原因,导致了许多内地人才不愿意到新疆工作,而新疆本地人才也逐渐转向内地的流动。例如一些派出进修的高学历人才,在派出后就不想再回到新疆工作。在流出的人才中,有荣获国家突出贡献奖的专家,有享受政府特殊津贴的专家,更有自治区学科带头人。还有一些人才流失是来自内高班的学生,新疆每年考入内高班的学生约为 1.2 万人,仅仅只有20% 左右的人才会返回到新疆工作。

(二)人才开发水平较低

新疆维吾尔族自治区人力资源在开发能力上仍存在不足,每万人中人才数量远远低于全国的平均数据。其中新疆企事业单位主要的专业技术人员和教育、卫生专业技术人员已满足当前新疆发展的状况,但是,在工程技术、农业技术科学研究人员开发较低,主导产业的急需人才缺少,金融、电子、证券及企业管理方面的实用性人才严重缺乏,特别是高层次的创新性人才更是稀缺。

人才缺乏是新疆高校发展的最大短板,与中国内地同类大学相比,师资力量在一定程度上还是差距较大,新疆人力资源的开发就不能够全面,开发水平就比其他地区偏低。

（三）人才培养制度不完善

新疆是个多民族聚居的地方,环境恶劣,导致新疆人力资源开发有很多制度性的障碍,主要表现在三个方面。第一,人员流动。人力资源开发的重要手段是人力资源的合理流动和有效配置。但是,对于新疆当前的发展状况可以看出,新疆的人才是不能完全地自由流动,户籍制度、档案制度等有关的人口管理制度大大限制了人才的合理流动,从而使有关部门不能充分有效地利用和开发人力资源。第二,用人方面。首先,障碍体现在劳动力市场,特别是城乡的差异,阻碍了新疆经济的发展和劳动力市场的进一步完善。其次,存在严重的就业歧视,如身份歧视、性别歧视、年龄歧视和民族歧视等。第三,分配考核。由于许多企事业单位的考核手段不统一,缺乏科学性和公正性,从而导致分配结果缺乏足够的公平性,大大地打击了人才学习和提升自身的积极性,使得更多的人才外流,一定程度上阻碍了新疆经济社会的发展。

二、新疆人才紧缺的原因

（一）经济社会发展

自改革开放以来,随着西部大开发和新一轮对口援疆的实施,新疆经济社会取得了长足发展。新疆经济保持快速发展,特色优势产业发展很快、实力明显增强,基础设施水平显著提高。在保增长、促改革、调结构、惠民生、防风险等综合平衡和深入推进供给侧改革的同时,新疆的经济社会发展显现出了明显的后发优势。但由于底子薄、起点低、生产力水平不高、缺少产业创新优势等原因,新疆的经济发展水平相比东部沿海地区还有一定差距,特别是开放型经济发展水平相对落后。2016年,新疆实现地区生产总值9617.23亿元,按可比价格计算,比上年同期增长7.6%,位列全国第26位。但该数据仅为我国国内生产总值的1.29%。面对全国经济社会发展的实际和严峻的人才竞争压力,新疆相对落后的经济社会发展现状毫无疑问成为了制约新疆人才引进的关键因素。除了乌鲁木齐市、克拉玛依市、库尔勒市等相对发达的城市还有一定的吸引力外,其他地区尤其是南疆地区,由于交通路线较长、自然环境恶劣,人才紧缺问题表现得更为突出。

（二）复杂的社会环境和维稳压力

新疆自古以来就是多民族聚居、多宗教并存、多元文化融合的区域,加上地处西部边陲,周边特殊的地缘环境使得新疆有着特殊而复杂的社会环境。近年来,伴随着各项事业的快速发展,新疆呈现出各民族安居乐业、团结友爱、和谐共处、社会稳定的景象。但"三股势力"仍不遗余力地进行着分裂破坏活动,不仅利用宗教极端主义进行渗透,还制造了一系列暴力恐怖事件,让新疆的"污名化"问题凸显,为新疆的人才引进和发展带来了严重的负面影响,甚至还导致大量人才流失。

（三）人才培养及发展环境

近年来,新疆在人才引进和人才培养、发展上都下了很大功夫,也提出了实施"人才强区""丝路人才特区"战略。除了依托国家人才工程计划外,新疆还从自治区层面先后实施了"民汉双语翻译人才培养计划""少数民族科技人才特殊培养计划""天山英才工程"等一系列人才培养计划。无论是从政策、制度还是资金、财力等方面,新疆都为人才的培养和发展提供了有力保障。但在人才竞争的洪流中,跟经济发达地区的人才薪酬水平相比,新疆的人才待遇还有一定的差距。加上新疆的医疗卫生、教育等资源水平也与经济发达地区存在一定差距,使得新疆在人才引进中缺少绝对的竞争力和吸引力。另外,由于新疆还没有完全形成重视和关爱人才的社会软环境,导致"重引轻用""论资排辈"等现象存在,从而使得一些人才流失。值得注意的是,新疆教育水平的总体落后,也加剧了新疆人才紧缺的局面。一方面,新疆的高校数量总体偏少,并且在空间分布上呈现出极大的不平衡。据有关数据显示,新疆共有高校 40 所(其中普通高校 32 所,成人高校 8 所),而南疆五地州的普通高校、成人高校仅为 9 所。另一方面,在学科类型和办学层次上,新疆的高等教育也都远远落后于内地一些发达地区,特别是在创新型人才培养和高层次人才培养上都有待进一步提升和完善。

（四）"一带一路"对新疆地区人才开发的影响

"一带一路"愿景的提出与实施,为新疆的经济社会发展提供了难得的历史机遇。在这样的时代背景下,如何抓住机遇促进新疆人才发展,不仅事关新疆未来的经济社会发展,还事关"一带一路"愿景的实现与未来发展。因此,必须要积极把握"一带一路"的发展机遇,高度重视新疆发展中的人才紧缺问题,并不断探寻解决该问题的有效途径,如加快培养和引进高层次、高技能、高素质的人才,积极促进人才合理有序流动和高层次人才的交流和互动,创新人才评价使用机制和完善人才激励政策等,用充足的人才资源为新疆的发展出谋划策,为"一带一路"愿景的实现奠定坚实的人才基础。

三、新疆大学生留疆工作的重大意义

新疆大学生的留疆就业工作事关新疆经济发展、社会稳定和民族团结的大局,它关系到新疆少数民族高等教育和少数民族本身的兴衰,关系到新疆的稳定和发展。

（一）有利于提高新疆民族素质

中共中央、国务院在《关于进一步加强人才工作的决定》中明确提出,人才问题是关系党和国家事业发展的关键问题,而在新疆,人才资源的匮乏,特别是基础教育从教人员的不足,不仅是新疆教育事业发展的制约因素,还是制约新疆经济发展的重要原因之一。因此,贯彻落实科学发展观,坚持以人为本,建立和谐新疆,就要加强对人才的培养,对新疆教育事业的投入,积极鼓励和引导新疆大学毕业生留疆就业,支援新疆教育事业的发展。从而缓解师资紧缺的矛盾,解决制约新疆教育事业发展的师资瓶颈问题。

（二）有利于繁荣新疆文化

新疆是一个多民族、多宗教、多元文化相互渗透的地区,处于古"丝绸之路"终端,是民族迁徙的走廊,是东西文明对话、交流、碰撞的地方,而世界四大文明、三大宗教的交会所留的古迹和遗存及各民族绚丽多姿的文化风情又为新疆文化增添了丰富的色彩和内涵。自汉武帝时期起,新疆就与中原保持密切的联系,新疆的多民族文化与各地汉族文化也有了交流和碰撞,并在之后的漫长的社会时期相互融合,共同繁荣。而随着建设有中国特色的社会主义文化的逐步开展,新疆文化也在发生着历史性的巨大变化,在这文化转型期,新疆大学毕业生以当代大学生的精神风貌、现代教育理念和先进的科技文化信息给新疆的文化整合注入新的元素和活力,既有效地沿袭了新疆的传统本土文化,同时也带动了新疆本土文化走向多元化发展,在一定程度上壮大和巩固了新疆的基层文化产业队伍,促进新疆文化的繁荣,推动了新疆文化的发展。可以说,大学生作为优秀群体,留疆就业将为新疆文化的发展带来新的机遇和挑战,新疆本土文化将在多元化发展的冲击中不断丰富、不断完善和发展。

（三）有利于推进新疆民族团结

新疆世居民族有维吾尔族、汉族、哈萨克族、回族、柯尔克孜族、蒙古族、塔吉克族、锡伯族、满族、乌孜别克族、塔塔尔族、俄罗斯族和达斡尔族等 13 个民族，且绝大多数民族有自己的聚居区。多民族共存的特殊性，决定了新疆社会稳定的前提就是民族团结。新疆的历史也一再证明，各民族团结，新疆就稳定、兴盛与繁荣；反之，则走向动乱和衰败。在中国经济发展的转型时期，作为具有较强的集体观念和团结友爱精神的当代大学毕业生，留疆就业有利于以民族平等和民族团结互助的观念来强化新疆各民族社会成员公民身份的意识，使各民族合理定位民族认同，摆正民族与国家的关系，推动新疆各民族关系的和谐发展，从而更好地团结各族人民积极投身于新疆社会主义现代化建设事业，为新疆的稳定和发展做出贡献。

第二节　向南发展背景下的新疆高校就业工作

屯垦戍边是中国几千年开发和保卫边疆的历史遗产。中央政府在西域新疆大规模屯垦戍边始于 2000 多年前的西汉，以后历代沿袭。1949 年新疆和平解放，1954 年中央政府决定在新疆成立生产建设兵团。这是符合中国国情和新疆实际的战略举措，也是历史经验在新的历史条件下的继承和发展。这是符合中国国情和新疆实际的战略举措，也是历史经验在新的历史条件下的继承和发展。60 年以来，新疆生产建设兵团白手起家，艰苦奋斗，忠实履行着国家赋予的屯垦戍边的光荣使命。广大兵团军垦职工栉风沐雨，扎根边疆，同当地各族人民一道，把亘古戈壁荒漠改造成生态绿洲，开创了新疆现代化事业、建成了规模化大农业、兴办大型工矿企业，建起了一座座新型城镇，充分发挥了生产队、工作队、战斗队的作用。兵团为推动新疆发展、增进民族团结、维护社会稳定、巩固国家边防做出了不可磨灭的历史贡献。

新疆生产建设兵团是新疆维吾尔自治区的重要组成部分。兵团承担着国家赋予的屯垦戍边职责，实行党政军企合一体制，是在自己所辖垦区内，依照国家和新疆维吾尔自治区的法律、法规，自行管理内部行政、司法事务，在国家实行计划单列的特殊社会组织，受中央政府和新疆维吾尔自治区双重领导。兵团实行党政军企高度统一的特殊管理体制。新疆生产建设兵团总部设在乌鲁木齐市。至2018年末，兵团有14个师，179个团场。9个兵团管理的师（市）合一的自治区直辖县级市、建制镇11个、乡1个。

近年来，由于新疆的特殊域情，党中央一直高度重视、始终关注着兵团向南发展的进程，第二次中央新疆工作座谈会上，习近平总书记强调，"新疆一盘棋，南疆是棋眼"。他指出，"兵团向南发展，既是当务之急，更是战略之举"。2017年3月兵团第七次党代会提出要"发挥兵团特殊作用，必须坚决推进向南发展"。人才是推动发展的"第一资源"，作为为新疆和兵团发展提供人才"蓄水池"的兵团高校，急需培养更多服务于兵团向南发展战略需要的高素质人才。

一、兵团向南发展的意义

（一）基于国家战略发展的长远目标

南疆地区在新疆稳定发展中处于特殊重要的地位。南疆部分地区自然条件相对较差，部分基层党组织的凝聚力和战斗力相对薄弱，南疆工作呈纷繁复杂之势。当前南疆师团发展形势虽持续向好，但矛盾和问题依然存在，甚至一些领域和环节还很突出。

习近平总书记在新疆考察时强调，新形势下兵团工作只能加强，不能削弱。第二次中央新疆工作座谈会也指出"支持新疆生产建设兵团发展壮大"。自治区第九次党代会上提出要"支持兵团向南发展。壮大南疆兵团实力，辐射带动南疆发展、促进南疆稳定"。兵团第七次党代会提出要"发挥兵团特殊作用,必须坚决推进向南发展"。党中央和各级政府从顶层设计做出了加强新疆生产建设兵团在南疆发展的重大战略部署,这是党中央治国安邦、强化边疆治理的一项战略安排,是兵团当前必须认真完成的一项重大政治任务,也是兵团发展的契机和经济增长点。

（二）基于新疆实现社会稳定、长治久安总目标的关键要素

新疆发展稳定,事关全国改革发展稳定大局,兵团是实现党中央关于新疆工作总目标的重要战略力量。兵团第七次党代会报告指出"新疆一盘棋、南疆是棋眼,棋眼一活、全盘皆活"。当前南疆处于"三峰叠加"的特殊时期,提升南疆师团经济发展水平、合理分布兵团南北疆人口对于维护民族团结和新疆稳定至关重要。盘活南疆这个"棋眼",就盘活了新疆这盘棋。兵团要发挥好"稳定器、大熔炉、示范区"功能,就必须加快兵团向南发展这一关键要素,推动实现新疆社会稳定和长治久安工作总目标。

（三）基于兵团全面建成小康社会的特殊要求

兵团党委六届十一次全委（扩大）会议上称:到 2018 年,新疆兵团将率先在西北地区全面建成小康社会。由于历史原因,因发展基础薄弱,占兵团总人口数的 14.5%、占兵团团场总数 20% 以上的少数民族聚居团场发展缓慢,一些群众还没有脱贫,形成了"北重南轻"的格局。贫困团场 8.1 万贫困人口中南疆和边境区域贫困人口占 86%,尤其是南疆贫困人口 4.4 万人,占兵团贫困团场贫困人口的 54%。在南疆做好扶贫开发工作直接关系各族群众的福祉,也是兵团全面建成小康社会的重点和难点。

二、当前南疆兵团人才存在的困境

（一）南北分布不均匀且南疆人口体量较小

从表 7-1 可以看出,2006—2017 年,兵团人口数量呈平稳上

升趋势,年增长率为 0.15%;新疆人口数量年增长率为 1.75%,说明兵团人口资源数量、增长幅度与自治区相比都有较大差距。

表 7-1　兵团、新疆和全国 2006—2017 年人口数量表(单位:万人)

年份	兵团	新疆	全国
2006	257.94	2050.00	131448
2007	258.47	2095.19	132129
2008	257.31	2130.81	132802
2009	257.31	2158.63	133450
2010	260.72	2181.58	134091
2011	261.37	2208.71	134735
2012	264.86	2232.78	135404
2013	270.14	2264.30	136072
2014	273.29	2298.47	136782
2015	276.56	2359.73	137462
2016	283.41	2398	138271
2017	300.53	2445	139008

从表 7-2 可以看出,2017 年兵团南疆所在师团人口总量为 88.35 万人,占当年兵团人口总量的 29.4%,呈现"北众南寡"现象;新疆南疆四地州人口总量为 995.01 万人,占当年新疆人口总量的 42.17%。兵团南疆人口资源与地方相比,体量较小。

表 7-2　2017 年南疆兵团和地方人口数量比对表(单位:万人)

兵团所属师团	人口数量	南疆四地州	人口数量
第一师	35.8	阿克苏	253.05
第二师	21.48	克州	59.61
第三师	25.37	喀什	449.92
第十四师	5.70	和田	232.43
合计	88.35		995.01

（二）就业结构不均衡

新疆生产建设兵团成立初期的主要任务就是屯垦戍边,农业生产是兵团长期以来的主要支柱产业。兵团第七次党代会提出了"以新型工业化带动新型城镇化和农业现代化,加快构建具有兵团特色的现代产业体系"的目标。从表7-3可以看出,兵团南疆师团人数总量不大,从事第二产业人员数量较少,产业人员部分不均匀,医疗、卫生、教育等专业方面专业技术人才缺乏,影响了兵团的发展。

表7-3　2017年南疆兵团三次产业就业人员（单位：万人）

师团	第一产业	第二产业	第三产业	教育	卫生和社会工作	公共管理
第一师	4.19	5.49	8.49	0.58	0.45	0.81
第二师	2.55	2.05	5.04	0.31	0.34	0.37
第三师	3.86	2.88	4.87	0.43	0.22	0.63
第十四师	1.57	0.29	0.81	0.09	0.04	0.2

（三）基层人才流失现象严重

受区域地理环境、兵团体制、经济发展水平、发展空间及薪资水平等因素的影响,兵团与先进地区相比不具竞争优势,兵团人才引进缺乏吸引力和竞争力。人才优惠政策在一些单位执行不到位,"重引进轻培养"现象很普遍,加上当前安全稳定形势等因素,导致兵团人才外流现象普遍,尤其是南疆的师局团场人才流失现象更为严重。据2014年的数据显示,北疆地区基层人才的巩固率约为60%,而南疆地区基层人才的巩固率约为40%。基层单位人才流失率较高成为团场发展的桎梏。

（四）政策滞后,高校毕业生"引、用、留"效果不佳

"十二五"期间,兵团引进高校毕业生22000人,招聘特岗教师4275人,招录选派生2642人,选聘大学生连官3685人,接收

西部计划大学生志愿者和"三支一扶"大学生 5343 人。这些大学生充实到了兵团基层一线,一定程度上缓解了兵团高层次人才匮乏的情况。兵团多数团场重引进,却轻培养和使用。针对高校毕业生的"兵团选派生"优惠政策多年未曾调整,且有关政策落实难以兑现,难以调动大学生积极性。兵团团场呈"两圈一线"格局遍布于新疆,南疆垦区及边境线团场地处偏远、经济发展相对落后,生活设施不完备,交通便利性相对较差,加之缺乏具有足够吸引力的特殊优惠政策,团场招录的大学生稳定性较差。例如兵团第十师 185 团近年来招收了 100 多名大学生,到目前为止仅留下数十人,流失率达 70% 以上。

三、大学生基层就业对兵团向南发展的促进意义

当前兵团人才存在着南北分布不均匀且南疆人口体量较小、就业结构不均衡、高校毕业生"引、用、留"效果不佳等困境,因此加强大学生基层就业引导教育对促进兵团向南发展有重大战略意义。

（一）响应国家战略发展长远目标的重要体现

习近平总书记在新疆考察时强调,新形势下兵团工作只能加强,不能削弱。南疆地区和师团在新疆、兵团的稳定发展中处于特殊重要的地位,党中央和各级政府从顶层设计做出了加强新疆生产建设兵团在南疆发展的重大战略部署,这是党中央治国安邦、强化边疆治理的一项战略安排。

南疆部分地区自然条件相对较差,集聚人才吸引力较弱,引导高校毕业生到南疆等基层地区就业,是在当前新疆、兵团深化体制改革背景下,高校全面贯彻落实党的十九大精神,按照鼓励高校毕业生多渠道就业创业、引导人才向基层一线流动的决策部署,紧紧围绕决胜全面建成小康社会和坚决打赢脱贫攻坚战对基层人才的需求,是坚持服务基层和培养人才相结合的指导思想的

重要体现。

（二）实现社会稳定、长治久安总目标的重要人才要素

兵团是实现党中央确定的社会稳定、长治久安新疆工作总目标的重要战略力量，兵团要发挥好"稳定器、大熔炉、示范区"功能，就必须加快兵团向南发展这一关键要素。

受区域地理环境、兵团体制、经济发展水平、发展空间及薪资水平等因素的影响，加之当前南疆处于"三峰叠加"的特殊时期，与先进地区相比，兵团人才引进缺乏吸引力和竞争力。因此，引导和鼓励兵团本地高校大学生转变就业观念，将个人理想与伟大的中国梦相结合，投身到新疆、兵团的经济发展需要中，有利于维护民族团结和新疆稳定、提升南疆师团经济发展水平。

（三）实现兵团第七次党代会目标的特殊人才要求

2017年召开的兵团第七次党代会提出了"2020年兵团总人口增加70万人以上、超过350万人，占自治区人口比重进一步提高""实现2020年贫困团场全部摘帽和贫困人口全部脱贫"的奋斗目标。由于历史原因，因发展基础薄弱，贫困团场8.1万贫困人口中南疆和边境区域贫困人口占86%，尤其是南疆贫困人口4.4万人，占兵团贫困团场贫困人口的54%。在南疆做好扶贫开发工作是兵团全面建成小康社会的重点和难点，加大高校大学生人才向南集聚有助于合理分布兵团南北疆人口比例，是提升兵团南疆人口层次结构、打好扶贫脱困攻坚战的特殊人才要求。

（四）南疆基层就业符合当前大学生就业的现实需求

为促进高校毕业生到基层就业，近年来国家出台了"西部计划""三支一扶""特岗教师"等一系列促进大学生就业的基层项目。高校在加强各项基层就业宣传的同时积极开展思想政治教育，帮助大学生树立科学的职业发展观和新型的就业观，引导和

鼓励大学生面向西部地区、南疆基层就业,在缓解大学毕业生就业压力的同时,也使人才资源得到充分、合理配置。

四、构建引导高校毕业生服务兵团向南发展的思想政治教育工作对策

大学生思想政治教育工作是一项系统工程,就业教育包括基层就业观念的引导都是思想政治教育中的重要内容。为认真贯彻落实党的十九大精神,进一步推动高校思想政治工作会议精神落地生根,教育部于2017年12月印发了《高校思想政治工作质量提升工程实施纲要》,为高校实施思想政治教育工作做好了顶层理念设计,纲要中提出的"十大"育人体系也为高校构建引导大学生基层就业服务兵团向南发展的思政教育描绘了具体施工蓝图。

(一)课程育人

思想政治教育理论课、形势与政策课、职业生涯与就业指导等课程是对在校大学生开展思想政治教育的主要平台和途径。学校应梳理各课程所蕴含的思想政治教育元素和所承载的思想政治教育功能,将专业课程教育与思想政治教育融合、贯通并融入到学生的日常思想、生活学习中,提高熏陶和培育,提高大学生思想品德、综合人文素养以及服务基层的认知能力和素质,引导学生主动将个人理想与国家、民族的利益相结合,树立行行建功、处处立业的择业观,努力在基层绽放中国梦,实现人生价值。

(二)科研育人

人才培养是大学的根本任务,大学开展科学研究的一个非常重要功能就是要支撑人才培养。高校通过开展科研活动,引导大学生开展民族地区尤其是南疆基层地区的科研活动,靶向兵团向南发展的重要急需课题,服务南疆区域经济社会发展需要。通过将思想政治教育融入到科学研究中，着力培养毕业生团队意识和协作意识，增强社会担当和使命感，积极服务兵团向南发展战略。

（三）实践育人

高校要牢牢把握社会实践平台的育人促进作用，通过借助高校学术资源开展与南疆基层合作，借助南疆实习支教、暑期三下乡以及科技下乡等教育教学、志愿服务等实践活动，让学生与南疆基层地区进行"零接触"，通过实践活动与思想政治教育，树立正确的政治方向和价值取向，鼓励大学生投身于全面建成小康社会的攻坚战中，将所学专业技术知识运用于南疆基层实际工作中，在最需要自己的地方书写人生华章。

（四）文化育人

"热爱祖国、无私奉献、艰苦创业、开拓进取"的兵团精神根植于兵团屯垦戍边事业的伟大实践，是半个多世纪以来兵团人为之献身的屯垦戍边千秋伟业的主流价值所在。扎根于兵团血脉的兵团高校坚持"以兵团精神育人，为维稳戍边服务"的办学特色，通过开设兵团精神课程、参观军垦博物馆、组织传承兵团精神主题教育活动、兵团道德先进人物事迹讲演等形式，将兵团精神这一红色文化、革命文化融入大学生思想政治教育和职业素养培养，塑造大学生沿着革命先烈汗水和鲜血继续书写兵团精神的壮丽诗篇。

（五）网络育人

互联网日益成为高校毕业生思想政治教育学习的平台。在加强学生网络素养教育的同时，借助新媒体信息传播优势，利用"易班"和中国大学生在线等成熟的网络媒体平台，创新符合当代大学生欣赏理念的思想政治教育内容，共享名校名师的思政教育课程和讲座，开展各类思政文化节建设、各类网络比赛、优秀校友基层就业创业典型事迹宣传、具有兵团文化背景的各类影视剧作品展播等活动,提高学生的参与度和积极性,传播主旋律、弘扬正能量,使思想政治教育借助网络优势生动的推动开来,引导毕业生正确认识就业与个人成长关系。

（六）心理育人

高校毕业生处于青春的转型期,社会经历相对较少,心理不够成熟。尤其是部分大学生成长环境相对优越,缺少吃苦耐劳的精神,对于基层存在一定的误解和偏见。因此,高校在加强知识教育的同时,将大学生心理健康节等品牌活动与就业观念引导、就业挫折心理疏导相结合,着力培养大学生积极、乐观、正向的学习就业心理,培养他们社会主人翁意识,正确认识南疆基层在个人成长锻炼和人生阅历方面的积极意义。

（七）管理育人

教育管理的一切活动都必须服从于、服务于培养人和发展人的教育目标,学校的根本职责和使命是育人。高校要明确管理育人的内容和路径,一是要创造教师示范环境,营造育人空间,做到管理教育人人有责;二是利用教师育人品格形象展示,用良好的管理模式和管理行为去感染学生、带动学生、影响学生;三是在大学生中积极运用管理育人思想,培育高校毕业生先进管理理念和管理方法,尤其是对于基层工作的管理知识,提高毕业生到基层工作的管理能力。

（八）服务育人

服务是体现一所高校管理水平的重要体现。高校应致力于构建高校服务育人新体系,营造有利于学生发展和培养合格人才的机制、环境和氛围,增强教师服务学生的主动性、针对性,提升教师的服务意识以服务学生个性化发展,满足学生的不同的合理需求。在就业引导教育中,可以针对大学生开展群体辅导、个体咨询、生涯服务周等不同类型的就业服务,帮助学生明确自己的职业生涯发展观,树立正确的择业观,鼓励到基层就业。同时在学生办理就业手续过程中,做到主动服务,在毕业生离校后要继续做好跟踪服务,做到"离校不离心",激发学生的感恩学校、回馈社会之心。

（九）资助育人

国家为了鼓励引导大学生到基层就业,先后制定了一系列政策措施,通过大学生基层就业、应征入伍学费贷款代偿等形式,资助大学生在基层工作。高校应加大基层就业优惠政策的宣传力度,通过典型事迹、先进人物的激励和影响,带动学生投身基层就业的思想观念。同时,高校应积极制定相关配套措施和办法,通过设立"基层就业奖学金"、组织基层毕业生赴基层就业表彰大会、基层就业优秀校友回访等形式,激励毕业生到南疆、到基层就业。

（十）组织育人

充分发挥组织优势和作用,推动工会、共青团、学生会等群团组织创新组织动员、引领教育的载体和形式,开展基层就业等主题鲜明、健康有益、影响积极的活动,大力宣传国家基层就业政策和基层就业典型事迹,在高校毕业生中营造去基层就业的良好环境氛围。同时,借助组织功能,做好高校和南疆基层的对接工作,为高校毕业生去南疆基层就业搭建良好的平台。

五、服务兵团向南发展的人才对策

（一）完善兵团人才发展体系

要推进兵团在南疆发展,更好地发挥兵团稳定器、大熔炉、示范区作用,人才队伍建设是关键。只有下好干部人才先手棋,才能做活南疆棋眼、赢得主动、占据优势。

1. 做好兵团人才规划的顶层设计

中共中央在 2016 年印发的《关于深化人才发展体制机制改革的意见》（以下简称《意见》）中提出了一系列重要的人才制度创新和政策创新。兵团党委应围绕推动兵团改革发展稳定的迫切需求，剖析兵团与发达省市区在人才建设方面的差距，认真落实中央《意见》对深化人才发展体制机制改革的有关要求，做好新形势下兵团人才发展体制机制改革的顶层设计，突出问题导向，补齐人才短板，加快构建更加科学高效的人才管理体制，使各方面人才各得其所、尽展其长，建设具有兵团特色的人才发展道路。

2. 利用国家人才项目吸引高端人才服务南疆兵团

兵团应充分积极利用国内人才智力资源，积极争取中央"青年千人计划新疆项目""青年英才开发计划""海外智力援疆工程"等特殊政策，提供更加优惠的条件，吸引国内外高端人才来兵团创新创业。协调推进"兵团英才"选拔培养工程、少数民族聚居团场及边境团场急需紧缺人才，引进工程和兵团高层次人才培养项目等，通过政策扶持、资金支持、人才培养等方式，引导高层次人才向南疆基层一线流动，改善南疆基层干部、人才队伍结构。

3. 落实南疆兵团引进人才政策

人才资源是第一资源，大学生是人力资源的重要来源。制度环境对大学生的有效引进、合理流动、高效配置起着非常重要的作用。认真贯彻落实《兵团中长期人才发展规划纲要（2010—2020年）》等一系列已出台的人才政策措施，尤其在是围绕加强南疆团场、边境团场、贫困团场和少数民族团场的基础大学生人才队伍建设等方面出台特殊政策予以倾斜，鼓励大学生向南疆发展，将人才的重心向南聚焦引才聚智。

4. 优化南疆兵团大学生工作环境

良好的工作环境是聚集人才的重要因素。一方面健全科学的人才选拔和评价机制。着眼兵团经济社会发展尤其是向南发展的现实需要和长远需要,实施公开、公平、公正的人才选拔,树立重能力、重实绩、重公认、重基层的用人导向,加大对优秀人才的激励力度,为有志于服务南疆兵团的优秀大学毕业生脱颖而出提供发展平台。另一方面,基层工作、生活条件相对艰苦,工资福利待遇低,兵团及各师局政府部门要充分落实好“兵团选派生”“特岗教师计划”等基层就业项目,解决选派生身份编制问题,规划基层就业大学生职业发展路径,改善用人环境,提高基层就业待遇,做到“环境留人、事业留人、感情留人”,激发大学生投身兵团基层就业的积极性。

（二）积极发挥高校人才库的功能

兵团第七次党代会对兵团深化改革提出了多项要求,改革的落实需要人才的落实,作为兵团仅有的 5 所高等院校,应切实发挥高校基本职能,积极为兵团改革提供人才支撑和智力支撑。

1. 坚持专业设置与社会需要相适应

当前兵团面临着产业结构调整升级,兵团各高校应充分发挥学校的办学定位及优势特色,以新疆、兵团优势特色产业和支柱产业发展、结构调整需求为导向,突出地域特色,促进专业融合,拓宽专业口径,在专业设置上坚持“改老、扶优、增新、汰劣”,不断调整、优化、重组现有专业,大力扶持紧缺人才专业,增设直接服务地方经济建设、适应劳动力市场变化的专业,满足社会对各类人才的需求。

2. 坚持人才培养与市场需要相适应

兵团高校应树立主动服务行业、企业需求的观念,根据新疆、兵团社会经济发展和用人单位需求,积极修订人才培养方案,统筹规划课内外、校内外教育教学活动,扎实推进人才培养模式改革。坚持开放办学思想,与社会各界加强联合办学,以服务南疆兵团工业转型升级、农业供给侧结构性改革等为重点,开展订单式人才培养服务,充分利用对口支援优势与内地高校联合培养区域紧缺型人才,努力培养适应行业和地方经济社会发展需求的高素质应用型、复合型、创新型人才。

3.坚持实践培养与岗位需要相适应

高校应以提高学生创新实践能力为目标,搭建理论与实践相结合的实践教学体系。加强对社会需求的调研,通过调研了解新疆、兵团不同行业对毕业生理论知识和实践能力培养的要求,设置集中实践小学期,提高各专业实践教学学分比例,增加综合型、设计型实验比例,建立科研训练、学科竞赛、创新创业教育于一体的实践运行机制。积极组织学生参与科研训练项目或参加专业学科竞赛,努力培养"高素质、重创新"的应用型专业人才。

4.坚持招生计划编制与就业需要相适应

就业是反映学校办学质量以及社会服务功能的重要体现。高校应将就业作为学校专业设置和专业招生计划编制的核心指标,坚持以"出口定入口,以就业定招生",紧跟市场就业需求制定招生专业规模。同时,依据毕业生就业情况每年减、停招不符合区域经济发展需求的专业,促使学校的各个院系、各位教师都关注人才培养全过程、关注人才培养质量、关注就业市场变化、关注毕业生的就业指导服务,有针对性为新疆、兵团经济社会发展培养专业化的高素质毕业生。

5.坚持开展扎实有效的思想政治教育和引导

思想是行动的先导。近几年,新疆安全形势不容乐观,从一定程度上影响新疆及兵团高校大学生留在新疆和兵团工作的积极性和稳定性。面对严峻的就业形势及区域环境,兵团各高校应把加强学生的思想政治和就业创业观念教育作为基础性工作来抓,将"新疆精神""兵团精神"贯穿到学生教育全过程,邀请兵团领导、军垦老战士、老教授和做出突出成绩基层优秀毕业生在新生入学教育中开展区情垦情教育,在课程中设置《兵团概论》

《道路与人生——石大名师思想政治课导读》等具有区域特色的公共课,使学生了解、熟悉新兵团,激发学生献身兵团维稳戍边的爱国热情,切实增强教育的针对性和实效性。

第八章　家庭资本视角下的新疆高校大学生就业促进措施

第一节　家庭资本视角下的新疆高校大学生就业工作改进措施

家庭资本对毕业生就业的影响是客观存在的,如家庭文化资本通过潜移默化的影响学生的兴趣、爱好、文化素养等,改变着学生的人力资本存量。家庭的经济资本除了在学生的教育阶段提供各种教育经费支持,还在学生的择业阶段提供经济支持;家庭的社会资本除了在学生的教育阶段提供择校、择班、择师的支持还会在学生的择业阶段提供就业机会、就业岗位等的支持和帮助,这些对高校毕业生的就业认知势必产生一定的影响。固然家庭资本对毕业生教育、毕业生择业发挥着不可忽视的作用和影响,但不可否定的是,毕业生后天的努力依然很重要。

经过自己四年的努力找到一份合适的工作就是每个毕业生梦寐以求的,但是从当下的经济发展条件和环境来看,不可能满足每一个毕业生的就业愿望。新疆地区有很多就业方面的优惠政策,保证了就业主动权把握在学生的自己手中,而毕业生的就业观对学生的顺利毕业影响重大。不过毕业生的就业问题非常烦琐,是一个系统工程,涉及的因素众多,需要众多的前期协调和内容分析。正是由于这个问题的形成和发生发展等受到很多因素的影响,想从根本上树立毕业生正确的就业观,只靠某一方面的力量是远远不能成功的,必须借助家庭、高校、社会等多方面的力量和条件,并且从毕业身自身入手调整就业心态,帮助新疆地区高校毕业生树立正确的就业观,从而进行合理职业生涯规划。

一、毕业生重视大学生自身综合素质的养成与建设

随着毕业生求职大军不断壮大,大学生的就业竞争越来越激烈。毕业生不能仅仅把大学看作是"生产和销售文凭"的地方,一纸文凭不再是"金饭碗"。毕业生需要真正吸收大学的养分,让自己变得更加优秀。一方面,毕业生要不断加强自身的专业知识和专业技能;另一方面,毕业生要从丰富的实践经历中获得的发展。良好的综合素质能有效提升毕业生在就业市场中的竞争力。

(一)毕业生要注重综合素质提升,树立正确就业观

当前就业市场的竞争激烈,归根结底是求职者个人能力与素质的较量。高校毕业生要把握就业主动权,就必须注重自身能力的培养与素质的全面提高,切实按照政府的教育方针和社会需要塑造自己。就业形势的变化也要求高校毕业生必须更新自身就业观念,使自己的思想从传统就业观念的束缚中解放出来,积极主动地适应外部就业形势。

(二)做好职业生涯规划

高校毕业生要想在就业竞争中取得胜利,就必须明确自己努力的方向,不然就会无从下手,随风摇摆,甚至会迷失自我,在就业竞争中处于极其不利的地位,就会被用人单位所淘汰。科学的做好自己的职业生涯规划,就是帮助自己确立正确的职业目标和职业理想,探寻切实可行的途径,最大限度发挥个人专长,开发自身潜能,克服困难,获得成功。高校毕业生首先要及早确立目标,制订计划,持之以恒,坚持不懈。其次应注重建立合理的薪资期望值,合理调整择业预期,将关注点更多的放在积累工作经验、拓

展发展空间和结合自身兴趣等方面。最后,专业是否"热门"、是否"对口"并不是成功就业的主要决定性因素,因此,高校学生在寻找工作时不必拘泥于专业限制,而应该拓展择业视野,合理设置就业预期。

(三)挖掘自身积极因素

高校毕业生要想在择业、就业中处于有利地位,就必须努力培养和提高自身的各方面素质,增加自己在用人单位心目中的砝码,要切实加强自我教育,努力挖掘自己的积极因素,抵制消极因素的影响。这就要求广大学生要时时激励自己,加强自身修养,提高个人素质,加强对职业意识、归属感的认识和实践,在学习科学文化知识的同时,多参加企业顶岗实习与社会实践,把自己融入到企业之中,融入到职业之中,融入到整个社会之中,体验职业归属感对自己的学习,对企业的文化在自身能力提高方面的强大作用,要抵制社会不良风气以及各种诱惑的影响,时时反省自己,加强自律,增强专业技能与职业道德、归属感的培养,把对专业的认同、职业的归属感内化成自己的一种自觉行为,做一名合格的,有职业道德和职业归属感的高校毕业生。职业素养具有实际运用价值,需要大学生积极学习相关专业理论知识,掌握专业理论素养。其次,大学生除了具备相关专业知识外,还应积极培养人文素养。

(四)培养良好的择业技巧

高校毕业生已经具备了一定的理论知识、实践能力和职业素质,但是要想成功被用人单位录用,还应该在求职之前进行必要的准备工作,掌握必要的择业技巧。

提高收集和处理信息的能力。求职前对自己做出科学客观的评价,明确自己的职业目标,依据自己的职业目标、兴趣、能力和实习经历,认真制作符合企业需求的简历,并根据自己需要收集到的用人单位招聘信息,判断其是否是自己感兴趣、有能力有信心胜任的。

掌握必要面试的技巧和方法。面试是用人单位招聘人才的重要程序之一,是用人单位招聘人才最具决定性的一个环节,是求职者展示自身素质、能力和品质的最好时机。因此提高求职面试技巧是成功就业的关键。

（五）转变就业观念

高校毕业生应做出科学客观的自我评价,摆正自己的心态。高校毕业生应调整好心态,放低架子,虚心学习,在能力没达到时降低自己的期望值,更务实些。从而平衡眼高手低的心态,从基础做起。高校毕业生在首次就业时,要有好的心理素质,不要期望太高,即使不如意,也可作为一次学习锻炼的机会。此外,高校毕业生就业时应摒弃功利性。应把个人理想与国家需要结合起来,选择西部和基层是解决就业的新渠道。高校毕业生往往把目光盯在东部沿海城市和国有大中型企业、外资企业、政府部门,造成所谓的"结构性失业"。高校毕业生就业时不要过分重视经济待遇,更应看重发展前途。现在的毕业生一去参加招聘会或是面试,张口就问待遇如何,目光短浅,而忽略了一个理想的就业单位能提供难得的培训机会、有光明的职业发展前景,能发展和提高个人的能力。大学生就业时不能只注重于眼前的经济利益,而应该用长远的、发展的眼光来看待每个就业机会,把每个就业机会作为提升自己职业素质的途径。

二、高校优化高等教育的功能

目前,毕业生普遍对职业世界了解不多,缺乏职业体验,实践能力相对较弱。针对这一现状,高校应全面贯彻党的教育方针,充分发挥就业指导工作的效用性,使大学生的学习和生活有的放矢。高校作为大学生走向社会的桥梁,要高度重视大学生的社会实践,让大学生在实践过程中,增强职业感受,同时了解自身能力水平与社会需求之间的差距,合理规划未来的职业发展。

（一）强化毕业生就业能力

从规模到质量,中国高等教育进入了新的发展阶段,高等教育结构也更加科学合理。一流大学与一流学科建设对学校人才培养工作提出新任务。高校作为高等人才的摇篮,培养高等人才的基地,一直都具有培养人才、科学研究、传播知识、服务社会的职能,文化传承的使命,人才培养是高等学校的根本任务,人才培养水平和质量是衡量高校办学水平的重要标志。为了输出高质量的优秀人才,高校应更新人才培养理念,回归教育价值本位,"以本为本",全面落实素质教育,把促进人的全面发展和适应社会需要作为衡量人才培养质量的根本标准,努力协调好教育发展和人的全面发展、教育发展和社会发展的关系,加强创新创业教育和就业指导服务,真正做到以学生发展为中心来开展育人工作,提升学生综合就业能力,增强就业竞争力。

（二）加强对毕业生的职业规划就业和就业指导

高校毕业生容易受到利益和自尊心的驱使而愿意到待遇好、环境好的地方工作,然而这类工作岗位的数量相当有限。因此,高校应对高校毕业生加强思想政治教育,使他们树立正确的择业观。新疆高校要以习近平新时代中国特色社会主义思想来武装毕业生,使他们树立正确的世界观、人生观、价值观和择业观。通过思想教育可以让高校毕业生认清社会,了解国情、区情,充分认识当前新疆的就业形势,引导他们到祖国和人民最需要的地方去,并使他们认识到贫困地区、基层单位、乡镇企业等地方人才紧缺,到那里更能体现知识的价值,更有发展创造的空间,更能实现人生的价值。

新疆地处祖国的西北,与东部发达地区相比,经济发展水平相对较低。当前党中央结合新疆、兵团发展实际,提出了"向南发展"的战略要求,作为新疆地方院校、兵团所属高校,应立足新疆、兵团实际,鼓励新疆高校毕业生面向西部、基层及艰苦地区就业,不但是缓解高校学生就业压力的重要渠道,更应该成为促进人力资源充分利用、促进地区间协调发展和社会全面进步的重要政策,同时也有利于社会稳定和长治久安新疆工作总目标的实现,也有助于推动新疆和兵团在 2020 年实现"全面建成小康社会"这一奋斗目标。

（三）加强社会实践教育

社会实践,是指青年学生按照学校培养目标的要求,有计划、有组织地参加社会政治、经济、文化生活的教育活动,组织的高校大学生参加社会实践是中国特色社会主义高等教育的重要组成部分。

积极有益的社会实践可以有效的帮助学生认识自我、认识社会、增强应用能力。高校通过组织毕业生参与形式多样的社会实践和实训活动,可以促进毕业生在职业生涯体验当中了解就业形势、职业特征和岗位性质,便于毕业生根据实际情况做出及时地调整和补充,进而提升职业生涯规划的质量。此外,毕业生在实践中还可以提升职业素养,减少适应工作环境所用时间,加快社会化进程。

三、加强社会支持,营造有利的社会氛围

（一）完善毕业生就业政策与就业服务体系

社会是个大环境,单靠毕业生的一己之力,不可能做出什么大方向的改变。政府要在促进毕业生就业方面继续积极支持,优化现有的就业政策,出台符合实际就业形势、就业需要的政策文件,促进和谐的就业环境形成。此外用人单位和正确的社会舆论对用人理念有重要影响,从而帮助新疆地区的毕业生树立正确的就业观。

一是加快经济社会发展,为毕业生提供更多的就业机会和社会保障。政府要调整经济发展观,要从追求高速度为主要目标的经济增长,转向以创造就业为中心的经济增长。经济发展是带动就业的"火车头",必须坚持在发展中解决就业问题,实现经济增长与扩大就业的良性互动,逐步建立起更加科学、高效的就业政策和社会保障制度体系,提升高校大学生服务本地经济发展的就业机会。

二是努力创造公平、透明的就业环境和就业市场。通过近几年新闻媒体报道会发现,现阶段高校毕业生就业市场中受"家庭资本"影响的现象依然存在,由于家庭资本差异造成的高校毕业生就业过程中的不公平问题应受到政府、社会的高度重视,因此政府从管理、服务等角度建立统一、完善和公平合理的高校毕业生劳动力就业市场是非常必要的。在我国高等教育快速扩展的现实背景下,不同家庭背景的高校毕业生在学业表现方面具有差异性,高等教育过程方面的不平等仍然持续存在,这就要求我们对高校学生群体尤其是面临就业问题的高校毕业生给予更多的关心和帮助,使其在大学中能受到同等的对待,拥有与家庭背景优越的高校毕业生同等的学业成功的机会。

三是以政府的角度督促用人单位健全选才用人机制。当今社会,用人单位对学生的各种资质证书以及是否是学生干部等非常看重,在进行选人的过程中会对这些信息进行重点排查,甚至有的用人单位虽然在招聘信息上表明不排斥女性,但是实际情况中却不会考虑女性的应聘简历。对于家庭经济比较困难毕业生,应给予一定的帮助,避免这部分毕业生盲目就业或者缺乏职业生涯规划的情况出现,为新疆高校的毕业生提供更多的就业空间。用人单位可以利用职业生涯管理的技术与方法,分析高校毕业生的需求,为高校毕业生的职业生涯确定清晰的目标,提供培训机会,并注重营造一个可以激励高校毕业生奋发向上的工作环境和人际关系氛围,从而满足高校毕业生对群体的归属感、认同感和成就感的追求,用光明的职业生涯前景和良好的工作氛围激发高校毕业生的潜能。同时政府应督促用人单位构建公平的人才竞争机制,在就业招聘过程中,实际操作中,可能存在由于上级领导、职能部门的关系,用人单位在招聘高校毕业生时不能从单位的实际需要出发,造成所谓的招聘内幕。从长远来看,这样的招聘势必会影响单位的用人自主性,影响单位的长期发展。因此用人单位应建立与人才竞争相适应的舆论环境,创新人才观念、用人机制,敢于排除各种阻力和关系,构建公平合理的人才竞争机制,真正从单位发展和岗位的需要出发,只有这样才能够招聘到优秀的人才,这也是市场经济发展的必然要求。

（二）建立和完善高校毕业生创业政策、服务体系

为促进高校毕业生,国家出台了众多政策来缓解就业压力、推动高校毕业生稳定就业,比如自主创业。地方政府及高校应加大政策的宣传力度,结合地方实际出台相应的地方政策,将国家的促进就业创业政策尽快落地落实。鼓励高校毕业生自主创业不仅有助于缓解高校毕业生就业压力,而且有利于促进中小企业的快速发展,为全社会创造更多的就业机会。因此,政府相关部门应建立和完善高校学生自主创业政策体系,将鼓励和支持高校毕业生自主创业作为拓展毕业生就业渠道、促进经济健康发展的重要措施,从而更好的引导越来越多的高校毕业生实现自主创业,具体体现在以下两个方面。

第一,应营造良好的创业环境,进一步简化企业审批制度、强化政府行政管理部门对于企业的公共服务职能,从政策扶植、场地建设、长期发展等方面为高校毕业生创造更多优惠条件。

第二,加大对高校毕业生自主创业的资金支持力度,同时建立风险分担机制,以降低创业风险。建立高校毕业生创业风险基金、政府专项扶持基金和银行信贷资金相互补充的创业资助体系,尽可能为高校毕业生创业解决创业资金上的后顾之忧。政府

要减少不必要的环节和烦琐的手续,降低行政收费,保证高校毕业生创业计划的顺利推进。

(三)要努力构建良好的社会家庭教育环境

近年来,我国经济快速发展,从城市到农村,人民的生活水平都在日益提高,家庭教育的优劣对孩子的健康成长起到举足轻重的作用,为此广大家长要努力构建良好的家庭教育环境,从小培养孩子具有良好的职业意识并加强他们对各行各业的了解,家长对孩子有责任,同样孩子对家长、对整个家庭、对社会都有自己的一份责任,所以职业教育、职业素养的锻炼要贯穿于整个家庭教育之中。

父母是孩子的第一任老师,无论是小学、初中、高中还是大学,父母在孩子的成长中扮演着至关重要的角色,父母的一言一行都会作为孩子的榜样,对孩子性格、品性的影响是不可忽视的。家庭环境的好与坏,对毕业生树立正确的就业观有着举足轻重的作用。虽然当今社会的大学生有主见、有思想,但是父母的社会认知以及就业观和价值观对学生的影响仍然是非常大的,在很多时候往往起决定性的作用。由于受社会环境的影响,大部分家长都抱有望子成龙的心态。一些经济条件较差的家长,希望自己的孩子能够通过上大学找到好工作,从而改变自身的经济条件带动整个家庭过上较好的生活;经济条件较好的家庭,家长也希望孩子通过上大学过上更好的生活,成为国家的栋梁、社会的精英。这些观念在部分毕业生就业过程中就会起到很重要的导向作用,无形中就给了他们很多压力,这使他们不再能够单纯地追逐梦想或理想,而是在父母期望的目光中,在人生的十字路口上,失去方向、更加迷茫,甚至找不到好工作觉得给父母丢脸,对父母感到抱歉。家长们应该保持一颗平常心,在充分了解孩子意愿的基础上,帮助孩子认清就业形势,选择正确的就业道路。

对于高校毕业生家庭及父母而言,应对其子女在高校中的各种表现给予更多关注,鼓励子女积极参加社会实践活动,锻炼人际交往能力,提前积累工作经验。同时,父母在子女就业方面应多给予指导和支持,帮助子女树立正确、合理的就业期望值,实现顺利就业。在高等教育阶段,高校学生的学业成功依然是家庭、学校和社会"共同生产"的结果,因此要进一步调动家庭在高校学生学习和生活中的积极性,鼓励父母对其子女在大学中的学习和生活给予更多关心。在子女做出选择时充分尊重他们的意见,协助他们分析自身的优势及劣势,帮助他们找到正确的人生轨迹。作为家长,应该为子女提供有益的、合理的建议,支持子女做出的人生选择,作为精神支柱默默支持他们。这种民主的态度,多沟通的方式,使毕业生能够更好地为自己的理想努力,而不是考虑更多的家庭因素、经济因素和家庭的压力,帮助他们树立科学的、正确的就业观,更好地实现就业。

总之,高校毕业生就业问题是一项系统工程,在了解家庭资本对高校大学生就业认知影响的基础上,需要政府、用人单位、高等院校以及高校毕业生的共同努力和相互配合,构建完善、高效的就业市场环境,建立公平、公开的劳动力市场以及有效的就业及创业指导体系,进而推进解决新疆高校毕业生面临的各类就业问题。

四、新疆高校就业工作的实例

隶属新疆生产建设兵团的石河子大学,是国家"211工程"重点建设高校和国家西部重点建设高校,是"中西部高校综合实力提升工程"(一省一校)入选高校。2017年学校入选国家"双一流"建设一流学科建设高校,2018年入选"部省合建"高校,纳入教育部直属高校排序。

学校始终坚持"立足兵团、服务新疆、面向全国、辐射中亚"的办学定位,坚持"以服务为宗旨,在贡献中发展"的办学理念,将"以兵团精神育人、为屯垦戍边服务"的办学特色贯穿于就业工作的全过程,改革创新,健全机制,推动学校就业工作的全面发展,对促进新疆、兵团高等教育的发展,对新疆社会稳定和长治久安发挥了积极作用。近年来,我校 60% 的内地生源毕业生自愿留疆工作,形成了独具特色的高校"引人、育人、留人"的人才培养机制,受到了原教育部袁贵仁部长的高度评价:"内地学生留疆率连续多年保持在 50% 以上,说明石河子大学吸引了全国的人才,为新疆培养了人才,充分体现了中央对口支援新疆教育的成果。"

通过公开发布的《2019 届本专科毕业生就业质量年度报告》,石河子大学作为典型的一所新疆高校,在高校毕业生就业工作中开拓创新,构建了独具特色的就业工作机制。学校先后荣获"全国普通高等学校毕业生就业工作先进集体"、首批"全国高校毕业生就业典型 50 强"高校、自治区普通高校毕业生就业工作先进单位,就业办公室荣获"兵团就业先进工作单位"荣誉称号,《职业生涯规划与就业指导课程》荣获首批"全国高校职业发展与就业指导示范课程"。

第二节　新疆高校就业工作实例

附上《2019 届本专科毕业生就业质量年度报告》,通过学校开展就业工作的具体措施,通过数据来展现工作的实效性,为其他高校开展就业工作提供参考和借鉴。

以下内容为石河子大学 2019 届本专科毕业生就业质量年度报告

第一篇　毕业生就业基本情况

一、毕业生规模和结构

（一）毕业生整体规模

石河子大学 2019 届毕业生共 5606 人,其中本科毕业生 5201人,占毕业生总人数的 92.78%;专科毕业生 405 人,占毕业生总人数的 7.22%。

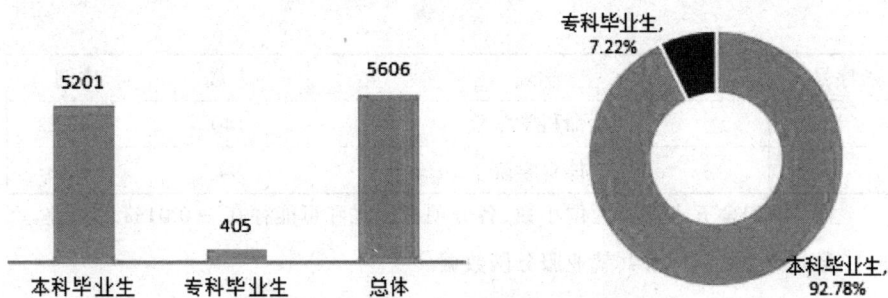

图 8-1　2019 届毕业生整体规模

数据来源：新疆公共就业服务网数据。

（二）学院结构

学校 2019 届本科毕业生分布在 17 个学院，其中经济与管理学院、医学院本科毕业生人数最多，占比分别为 13.75%、12.06%。

表 8-1　2019 届本科毕业生学院分布

序号	学院	人数	比例
1	经济与管理学院	715	13.75%
2	医学院	627	12.06%
3	文学艺术学院	425	8.17%
4	机械电气工程学院	406	7.81%
5	师范学院	357	6.86%
6	水利建筑工程学院	343	6.59%
7	农学院	332	6.38%
8	政法学院	331	6.36%
9	化学化工学院	291	5.60%
10	信息科学与技术学院	277	5.33%
11	药学院	219	4.21%
12	动物科技学院	173	3.33%
13	食品学院	162	3.11%
14	外国语学院	158	3.04%
15	理学院	151	2.90%

序号	学院	人数	比例
16	生命科学学院	140	2.69%
17	体育学院	94	1.81%

注：因四舍五入保留两位小数，各分项占比之和可能存在 ±0.01% 的误差。

数据来源：新疆公共就业服务网数据。

学校 2019 届专科毕业生只分布在高等职业技术学院，人数为 405 人。

（三）性别结构

学校 2019 届毕业生中，男生 2516 人，女生 3090 人，女生人数较多，男女性别比为 0.81∶1；从各学历层来看，女生人数均多于男生。

本科毕业2438人 46.88%
专科毕业78人 19.26%
总体2516人 44.88%

本科毕业2763人 53.12%
专科毕业327人 80.74%
总体3090人 55.12%

图 8-2　2019 届毕业生性别分布

数据来源：新疆公共就业服务网数据。

（四）生源结构

学校 2019 届毕业生来自全国 31 个省（直辖市/自治区）。以新疆维吾尔自治区生源为主，所占比例为 52.32%；区外生源主要来自河南省（6.23%）、甘肃省（5.64%）、山东省（4.41%）。

表 8-2　2019 届毕业生生源地结构

生源地	人数	比例
新疆维吾尔自治区	2933	52.32%
河南省	349	6.23%
甘肃省	316	5.64%
山东省	247	4.41%
河北省	223	3.98%
安徽省	215	3.84%
四川省	163	2.91%
重庆市	154	2.75%
湖南省	128	2.28%
山西省	123	2.19%
陕西省	85	1.52%
福建省	60	1.07%
贵州省	59	1.05%
宁夏回族自治区	53	0.95%
湖北省	53	0.95%
云南省	49	0.87%
江苏省	48	0.86%
内蒙古自治区	44	0.78%
广西壮族自治区	43	0.77%
海南省	41	0.73%
辽宁省	41	0.73%
吉林省	40	0.71%
黑龙江省	37	0.66%
青海省	35	0.62%
江西省	35	0.62%
浙江省	16	0.29%
广东省	9	0.16%
西藏自治区	4	0.07%
北京市	1	0.02%

续表

生源地	人数	比例
上海市	1	0.02%
天津市	1	0.02%
总计	5606	100.00%

数据来源：新疆公共就业服务网数据。

新疆生源分布情况：毕业生中新疆生源共计 2933 人。其中，新疆地州 2251 人，占新疆生源总数的 76.75%；新疆兵团 682 人，占比为 23.25%。从各地州、兵团各师分布来看，生源人数前三的地区分别为乌鲁木齐市（16.09%）、伊犁哈萨克自治州（11.83%）、昌吉回族自治州（10.77%）。

表 8-3　2019 届毕业生新疆生源分布情况

生源市	人数	比例
乌鲁木齐市	472	16.09%
伊犁哈萨克自治州	347	11.83%
昌吉回族自治州	316	10.77%
兵团第八师石河子市	230	7.84%
塔城地区	215	7.33%
巴音郭楞蒙古自治州	191	6.51%
阿克苏地区	174	5.93%
喀什地区	118	4.02%
博尔塔拉蒙古自治州	116	3.95%
兵团第六师五家渠市	109	3.72%
哈密市	89	3.03%
阿勒泰地区	86	2.93%
兵团第一师阿拉尔市	83	2.83%
吐鲁番市	62	2.11%
兵团第十三师	49	1.67%
兵团第四师可克达拉市	45	1.53%
兵团第七师胡杨河市	41	1.40%

生源市	人数	比例
克拉玛依市	35	1.19%
兵团第五师双河市	31	1.06%
兵团第十师北屯市	29	0.99%
兵团第二师铁门关市	26	0.89%
克孜勒苏柯尔克孜自治州	16	0.55%
兵团第三师图木舒克市	16	0.55%
和田地区	14	0.48%
兵团第十二师	13	0.44%
兵团第九师	7	0.24%
兵团第十四师昆玉市	2	0.07%
兵团第十一师(建工师)	1	0.03%
总计	2933	100.00%

数据来源:新疆公共就业服务网数据。

(五)民族结构

学校 2019 届毕业生中,汉族毕业生 4832 人,少数民族毕业生 774 人。本科毕业生和专科毕业生中,少数民族毕业生人数占比分别为 12.25% 和 33.83%。

表 8-4　2019 届毕业生民族结构

民族	本科毕业生		专科毕业生		整体	
	人数	比例	人数	比例	人数	比例
汉族	4564	87.75%	268	66.17%	4832	86.19%
回族	221	4.25%	44	10.86%	265	4.73%
维吾尔族	128	2.46%	68	16.79%	196	3.50%
哈萨克族	88	1.69%	11	2.72%	99	1.77%
土家族	39	0.75%	3	0.74%	42	0.75%
蒙古族	35	0.67%	5	1.23%	40	0.71%
苗族	24	0.46%	—	—	24	0.43%

民族	本科毕业生		专科毕业生		整体	
	人数	比例	人数	比例	人数	比例
满族	21	0.40%	–	–	21	0.37%
藏族	16	0.31%	–	–	16	0.29%
壮族	13	0.25%	–	–	13	0.23%
柯尔克孜族	8	0.15%	2	0.49%	10	0.18%
东乡族	6	0.12%	2	0.49%	8	0.14%
锡伯族	6	0.12%	–	–	6	0.11%
彝族	6	0.12%	–	–	6	0.11%
瑶族	4	0.08%	–	–	4	0.07%
土族	3	0.06%	–	–	3	0.05%
白族	3	0.06%	–	–	3	0.05%
乌孜别克族	1	0.02%	2	0.49%	3	0.05%
侗族	3	0.06%	–	–	3	0.05%
黎族	2	0.04%	–	–	2	0.04%
仡佬族	2	0.04%	–	–	2	0.04%
布依族	2	0.04%	–	–	2	0.04%
朝鲜族	1	0.02%	–	–	1	0.02%
穿青人	1	0.02%	–	–	1	0.02%
畲族	1	0.02%	–	–	1	0.02%
达斡尔族	1	0.02%	–	–	1	0.02%
俄罗斯族	1	0.02%	–	–	1	0.02%
塔塔尔族	1	0.02%	–	–	1	0.02%
总计	5201	100.00%	405	100.00%	5606	100.00%

数据来源：新疆公共就业服务网数据。

二、就业率及毕业去向

就业率是反映大学生就业情况和社会对学校毕业生需求程度的重要指标和参考依据,根据教育部发布的《教育部办公厅关于进一步加强和完善高校毕业生就业状况统计报告工作的通知》，高校毕业生的就业率的计算公式为：毕业生就业率＝（已就业毕业生人数 ÷ 毕业生总人数）× 100.00%。

（一）整体就业率及毕业去向

学校 2019 届毕业生就业率为 88.82%，本科毕业生就业率为 88.71%，专科毕业生就业率为 90.12%。

本科毕业生 88.71%　专科毕业生 90.12%　整体 88.82%

图 8-3　2019 届毕业生就业率分布

注：已就业包括协议就业、合同就业、国家基层项目、升学、应征义务兵、出国（境）、自主创业及自由职业；就业率＝（已就业人数 / 毕业生人数）*100.00%。

数据来源：新疆公共就业服务网数据。

从其去向构成来看，学校 2019 届毕业生以"协议就业"为主（58.46%），"升学"[①]（18.80%）次之；分学历层次来看，本科毕业生的主要去向为"协议就业"（57.34%），其次是"升学"（20.21%）；专科毕业生的主要去向为"协议就业"（72.84%）。

表 8- 5　2019 届毕业生毕业去向分布

毕业去向	本科毕业生		专科毕业生		整体	
	人数	比例	人数	比例	人数	比例
协议就业	2982	57.34%	295	72.84%	3277	58.46%
升学	1051	20.21%	3	0.74%	1054	18.80%
合同就业	447	8.59%	66	16.30%	513	9.15%
国家基层项目	60	1.15%	–	–	60	1.07%
出国（境）	45	0.87%	–	–	45	0.80%

① 如无特殊说明升学数据仅指国内升学，不包括出国出境留学人数。

毕业去向	本科毕业生		专科毕业生		整体	
	人数	比例	人数	比例	人数	比例
应征义务兵	17	0.33%	–	–	17	0.30%
自主创业	11	0.21%	–	–	11	0.20%
自由职业	1	0.02%	1	0.25%	2	0.04%
待就业	587	11.29%	40	9.88%	627	11.18%

数据来源：新疆公共就业服务网数据。

（二）各学院就业率

本科毕业生：学校 2019 届本科毕业生分布在 17 个学院，其中机械电气工程学院（95.57%）、外国语学院（94.30%）、农学院（92.17%）就业率位居前三。

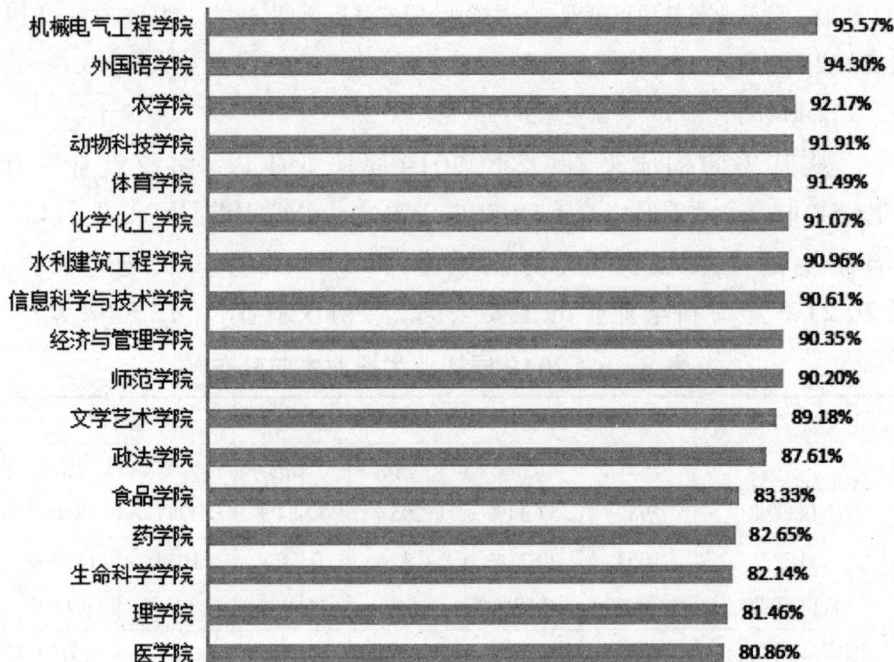

学院	就业率
机械电气工程学院	95.57%
外国语学院	94.30%
农学院	92.17%
动物科技学院	91.91%
体育学院	91.49%
化学化工学院	91.07%
水利建筑工程学院	90.96%
信息科学与技术学院	90.61%
经济与管理学院	90.35%
师范学院	90.20%
文学艺术学院	89.18%
政法学院	87.61%
食品学院	83.33%
药学院	82.65%
生命科学学院	82.14%
理学院	81.46%
医学院	80.86%

图 8- 4 2019 届各学院本科毕业生就业率分布

数据来源：新疆公共就业服务网数据。

专科毕业生：学校 2019 届专科毕业生分布在高等职业技术

学院,人数为 405 人,就业人数为 365 人,就业率为 90.12%。

（三）各专业就业率

本科毕业生:学校 2019 届本科毕业生分布在 82 个专业,有 49 个专业的就业率均在 90.00% 以上;其中电子商务、农林经济管理、广播电视学等 5 个专业就业率达到 100.00%。

表 8-6　2019 届本科毕业生各专业就业率分布

专业	毕业生人数	已就业人数	就业率
电子商务	60	60	100.00%
农林经济管理	40	40	100.00%
广播电视学	30	30	100.00%
阿拉伯语	27	27	100.00%
市场营销	17	17	100.00%
电气工程及其自动化	140	138	98.57%
农学	66	64	96.97%
旅游管理	30	29	96.67%
公共事业管理	29	28	96.55%
机械设计制造及其自动化	137	132	96.35%
会计学	107	103	96.26%
信息与计算科学	25	24	96.00%
农业资源与环境	65	62	95.38%
审计学	64	61	95.31%
预防医学	62	59	95.16%
数学与应用数学	58	55	94.83%
动物医学	95	90	94.74%
汉语言文学(文学艺术学院)	53	50	94.34%
水利水电工程	70	66	94.29%
化学	35	33	94.29%
汉语言文学(师范学院)	35	33	94.29%
音乐学	51	48	94.12%

专业	毕业生人数	已就业人数	就业率
社会工作	34	32	94.12%
园林	32	30	93.75%
政治学与行政学	78	73	93.59%
体育教育	62	58	93.55%
英语(师范学院)	31	29	93.55%
国际经济与贸易	31	29	93.55%
英语(外国语学院)	59	55	93.22%
美术学	58	54	93.10%
俄语	72	67	93.06%
土木工程	129	120	93.02%
林学	28	26	92.86%
农业机械化及其自动化	68	63	92.65%
化学工程与工艺	95	88	92.63%
历史学	63	58	92.06%
视觉传达设计	63	58	92.06%
信息管理与信息系统	87	80	91.95%
地理科学	37	34	91.89%
材料科学与工程	69	63	91.30%
种子科学与工程	23	21	91.30%
应用化学	67	61	91.04%
计算机科学与技术	97	88	90.72%
应用心理学	64	58	90.62%
中国少数民族语言文学	73	66	90.41%
植物保护	52	47	90.38%
金融学	62	56	90.32%
电子信息工程	61	55	90.16%
工业工程	61	55	90.16%
农业水利工程	67	60	89.55%
园艺	38	34	89.47%

续表

专业	毕业生人数	已就业人数	就业率
建筑学	9	8	88.89%
工商管理	35	31	88.57%
动物科学	78	69	88.46%
口腔医学	69	61	88.41%
环境工程	60	53	88.33%
医学检验技术	34	30	88.24%
应用物理学	33	29	87.88%
生物技术	56	49	87.50%
运动训练	32	28	87.50%
软件工程	32	28	87.50%
物流管理	82	71	86.59%
学前教育	37	32	86.49%
给排水科学与工程	68	58	85.29%
护理学	129	110	85.27%
药学	140	119	85.00%
经济学	37	31	83.78%
财务管理	98	82	83.67%
食品质量与安全	102	85	83.33%
食品科学与工程	60	50	83.33%
科学教育	24	20	83.33%
人文地理与城乡规划	29	24	82.76%
人力资源管理	45	36	80.00%
生物科学	84	66	78.57%
设施农业科学与工程	28	22	78.57%
中药学	79	62	78.48%
经济统计学	37	29	78.38%
物理学	36	28	77.78%
汉语言	97	73	75.26%
临床医学	333	247	74.17%

专业	毕业生人数	已就业人数	就业率
法学	97	70	72.16%
土地资源管理	64	46	71.88%
总计	5201	4614	88.71%

数据来源：新疆公共就业服务网数据。

专科毕业生：学校 2019 届专科毕业生涉及 5 个专业,有 3 个专业的就业率均在 92.00% 以上;其中体育教育专业的就业率相对较高,为 95.00%。

表 8-7　2019 届专科毕业生各专业就业率分布

专业	毕业生人数	已就业人数	就业率
体育教育	40	38	95.00%
临床医学	50	47	94.00%
护理	231	214	92.64%
药学	40	35	87.50%
旅游管理	44	31	70.45%
总计	405	365	90.12%

数据来源：新疆公共就业服务网数据。

（四）求职途径

本科毕业生和专科毕业生落实第一份工作的主要渠道均为"学校组织的现场招聘会",占比分别为 44.52% 和 40.00%。

（五）未就业情况

未就业情况：2019 届未就业的毕业生共 627 人(其中本科毕业生 587 人,专科毕业生 40 人),对未就业毕业生进一步调研显示：本科毕业生目前主要在"准备升学考试 / 等待入学"（70.48%）;专科毕业生主要在"准备升学考试 / 等待入学"（33.33%）和"准备参加公务 / 事业编考试"（33.33%）。

本科毕业生　　　　　　　　　**专科毕业生**

44.52%	学校组织的现场招聘会	40.00%
14.52%	直接向用人单位申请	20.00%
10.40%	专业化的招聘求职网站/App	12.94%
7.34%	学校网站发布的就业信息	1.18%
6.53%	父母及亲友推荐	8.24%
4.52%	校外的现场招聘会	3.53%
2.34%	校方（包括导师）的直接推荐	2.35%
9.84%	其他	11.76%

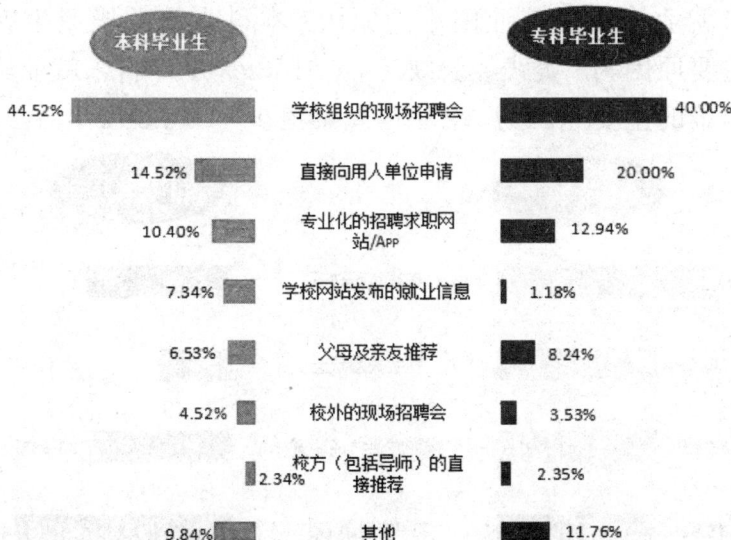

图 8-5　2019 届毕业生求职途径分布

数据来源：第三方机构新锦成——2019 届毕业生就业与培养质量调查。

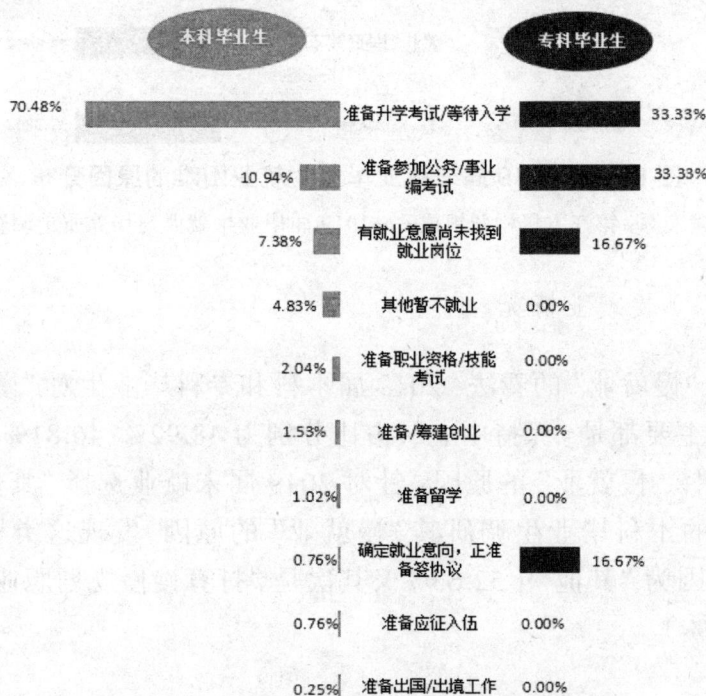

本科毕业生　　　　　　　　　**专科毕业生**

70.48%	准备升学考试/等待入学	33.33%
10.94%	准备参加公务/事业编考试	33.33%
7.38%	有就业意愿尚未找到就业岗位	16.67%
4.83%	其他暂不就业	0.00%
2.04%	准备职业资格/技能考试	0.00%
1.53%	准备/筹建创业	0.00%
1.02%	准备留学	0.00%
0.76%	确定就业意向，正准备签协议	16.67%
0.76%	准备应征入伍	0.00%
0.25%	准备出国/出境工作	0.00%

图 8-6　2019 届未就业毕业生去向分布

数据来源：第三方机构新锦成——2019 届毕业生就业与培养质量调查。

未就业毕业生就业困难的原因：本科未就业毕业生就业困难的主要原因为"实践经验缺乏"（51.42%）；专科未就业毕业生就业困难的主要原因为"求职信息渠道少"（50.00%）。

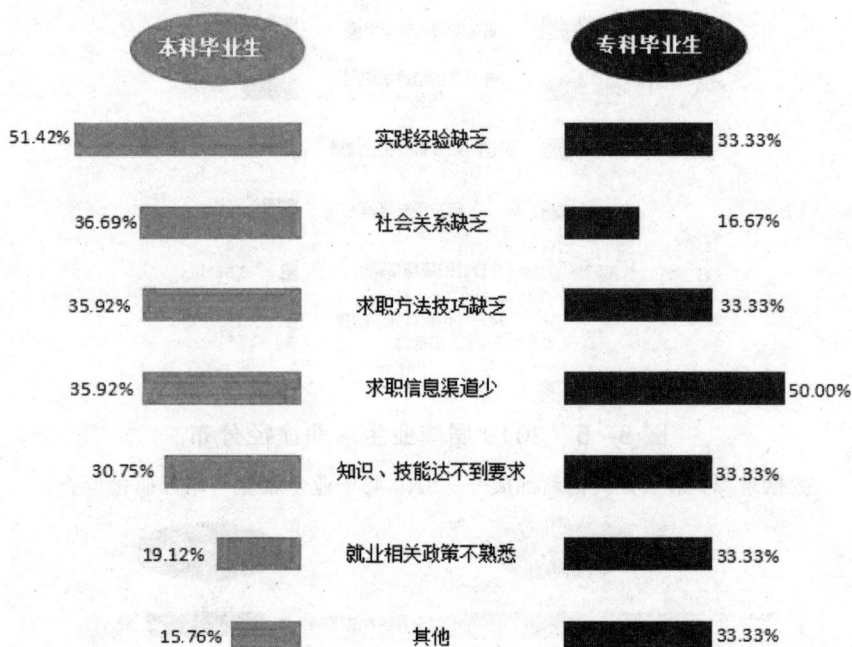

本科毕业生		专科毕业生
51.42%	实践经验缺乏	33.33%
36.69%	社会关系缺乏	16.67%
35.92%	求职方法技巧缺乏	33.33%
35.92%	求职信息渠道少	50.00%
30.75%	知识、技能达不到要求	33.33%
19.12%	就业相关政策不熟悉	33.33%
15.76%	其他	33.33%

图 8- 7 2019 届未就业毕业生就业困难的原因分布

数据来源：第三方机构新锦成——2019 届毕业生就业与培养质量调查。

（六）慢就业情况

对"慢就业"的看法：2019 届本科和专科毕业生对"慢就业"的看法主要都是"保持中立"，占比分别为 48.92%、46.81%。

选择"慢就业"的原因：针对 2019 届未就业选择"其他暂不就业"的本科毕业生调研其"慢就业"的原因，发现这类毕业生主要是因为"其他"（52.63%），其次是"打算慢慢规划职业生涯"（36.84%）。

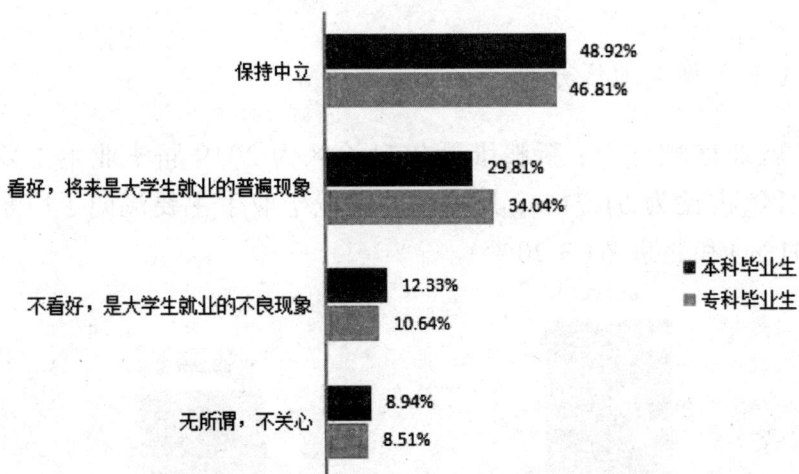

图 8-8　2019 届毕业生对"慢就业"的看法

数据来源：第三方机构新锦成——2019 届毕业生就业与培养质量调查。

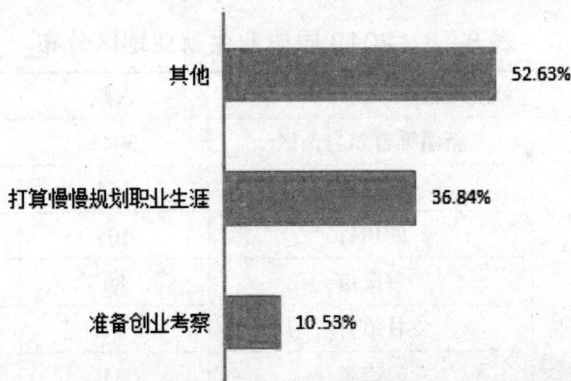

图 8-9　2019 届"其他暂不就业"的本科毕业生选择"慢就业"的原因

注："慢就业"的原因包括"准备游学""准备支教""准备在家陪伴父母""准备创业考察""打算慢慢规划职业生涯""其他"。其中"其他"为前 5 项原因之外的原因。

数据来源：第三方机构新锦成——2019 届毕业生就业与培养质量调查。

三、对社会贡献度 [①]

（一）就业地区分布

就业区域分布：新疆维吾尔自治区为 2019 届毕业生主要就业地区，占比为 61.71%；其中区外就业毕业生主要流向了广东省（4.01%）和北京市（3.20%）。

图 8- 10 2019 届毕业生区内、区外就业占比

表 8- 8 2019 届毕业生就业地区分布

就业地区		人数	比例
西部地区	新疆维吾尔自治区	3045	61.71%
	陕西省	144	2.92%
	四川省	105	2.13%
	重庆市	84	1.70%
	甘肃省	57	1.16%
	云南省	33	0.67%
	宁夏回族自治区	22	0.45%
	青海省	20	0.41%
	内蒙古自治区	19	0.39%
	贵州省	15	0.30%
	广西壮族自治区	14	0.28%
	西藏自治区	3	0.06%

① 针对毕业去向为协议就业、升学、合同就业、国家基层项目、应征义务兵、自由职业、自主创业的毕业生进一步统计分析其就业地区、就业职业分布。

就业地区		人数	比例
东部地区	广东省	198	4.01%
	北京市	158	3.20%
	山东省	133	2.70%
	江苏省	119	2.41%
	浙江省	94	1.91%
	上海市	76	1.54%
	河北省	66	1.34%
	福建省	53	1.07%
	天津市	37	0.75%
	辽宁省	35	0.71%
	海南省	16	0.32%
中部地区	湖北省	90	1.82%
	湖南省	85	1.72%
	河南省	81	1.64%
	安徽省	57	1.16%
	山西省	28	0.57%
	黑龙江省	18	0.36%
	吉林省	17	0.34%
	江西省	12	0.24%

数据来源：新疆公共就业服务网数据。

中西部就业地区分布：学校2019届毕业生选择在中部地区就业共388人，占比为7.86%；选择在西部地区就业共3561人，占比为72.17%。

表8-9　2019届毕业生中西部地区就业情况分布

就业地区	人数	比例
中部地区	388	7.86%
西部地区	3561	72.17%
东部地区	985	19.96%

数据来源：新疆公共就业服务网数据。

区内就业地区：新疆维吾尔自治区内就业的毕业生主要流向了乌鲁木齐市（35.07%）和兵团第八师石河子市（29.33%）；其中南疆就业人数为 252 人，占留疆就业人数的比例为 8.28%。

表 8-10　2019 届毕业生区内就业地区分布

区内就业地区	人数	比例
乌鲁木齐市	1068	35.07%
兵团第八师石河子市	893	29.33%
昌吉回族自治州	180	5.91%
伊犁哈萨克自治州	168	5.52%
克拉玛依市	103	3.38%
兵团第十二师	102	3.35%
兵团第一师阿拉尔市	55	1.81%
巴音郭楞蒙古自治州	51	1.67%
阿克苏地区	49	1.61%
塔城地区	40	1.31%
喀什地区	38	1.25%
哈密市	34	1.12%
兵团第六师五家渠市	30	0.99%
吐鲁番市	30	0.99%
兵团第七师胡杨河市	28	0.92%
兵团第四师可克达拉市	25	0.82%
博尔塔拉蒙古自治州	25	0.82%
兵团第二师铁门关市	24	0.79%
阿勒泰地区	24	0.79%
兵团第三师图木舒克市	23	0.76%
兵团第十三师	14	0.46%
兵团第五师双河市	14	0.46%
兵团第十一师（建工师）	7	0.23%
和田地区	7	0.23%
兵团第九师	4	0.13%
兵团第十师北屯市	4	0.13%

区内就业地区	人数	比例
兵团第十四师昆玉市	4	0.13%
克孜勒苏柯尔克孜自治州	1	0.03%

数据来源：新疆公共就业服务网数据。

表 8-11　2019 届毕业生南疆就业地区分布

南疆就业地区	人数
兵团第一师阿拉尔市	55
巴音郭楞蒙古自治州	51
阿克苏地区	49
喀什地区	38
兵团第二师铁门关市	24
兵团第三师图木舒克市	23
和田地区	7
兵团第十四师昆玉市	4
克孜勒苏柯尔克孜自治州	1

数据来源：新疆公共就业服务网数据。

（二）就业行业分布

学校 2019 届毕业生行业布局与学校专业设置及培养定位相契合；主要流向了"教育"（18.15%），其次是"卫生和社会工作"（15.23%）、"建筑业"（11.42%）及"信息传输、软件和信息技术服务业"（8.57%）。

（三）就业职业分布

2019 届毕业生所从事的职业主要为"教育／培训／科研"，占比为 17.01%；其次为"医疗卫生"（16.27%）。

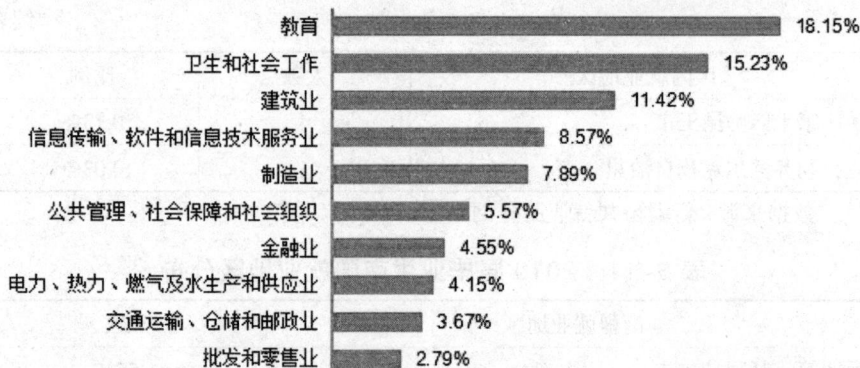

图 8-11　2019 届毕业生就业量最大的前十个行业分布

数据来源：第三方机构新锦成——2019 届毕业生就业与培养质量调查。

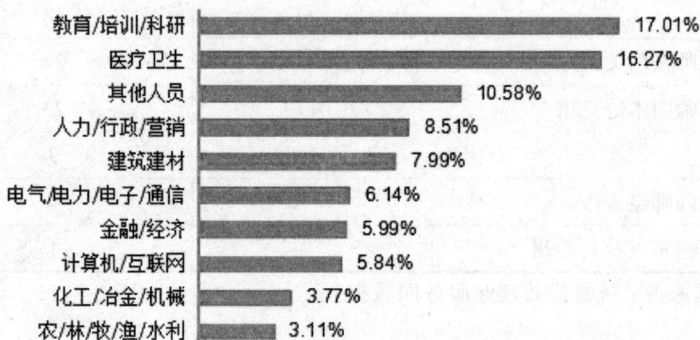

图 8-12　2019 届毕业生就业量最大的前十个职业分布

数据来源：第三方机构新锦成——2019 届毕业生就业与培养质量调查。

（四）就业单位分布

学校 2019 届毕业生就业单位流向较为多元，以"其他企业"（主要为民营企业）为主，占比为 41.31%。

表 8-12　2019 届毕业生就业单位性质分布

单位性质	本科毕业生	专科毕业生	整体
其他企业	41.78%	35.34%	41.31%
升学	23.00%	0.82%	21.36%
国有企业	16.20%	0.27%	15.02%
医疗卫生单位	6.13%	60.00%	10.11%

单位性质	本科毕业生	专科毕业生	整体
中初等教育单位	4.95%	0.00%	4.58%
机关	2.80%	0.27%	2.61%
部队	2.32%	0.27%	2.17%
其他事业单位	1.64%	0.82%	1.58%
三资企业	0.94%	1.10%	0.95%
高等教育单位	0.15%	0.55%	0.18%
个体经营	0.04%	0.55%	0.08%
科研设计单位	0.04%	0.00%	0.04%

注：其他企业指除国有企业和三资企业之外的所有企业，以民营企业为主。

数据来源：新疆公共就业服务网数据。

（五）世界500强企业

学校2019届毕业生中，共607人在中国建筑集团有限公司、国家电网公司、中国铁道建筑总公司等世界500强企业就业。

表8-13 2019届毕业生进入世界500强企业人数统计列表

排名	单位名称	人数	排名	单位名称	人数
21	中国建筑集团有限公司	123	107	国家能源投资集团	3
5	国家电网公司	69	213	兴业银行	3
59	中国铁道建筑总公司	63	318	兖矿集团	3
141	中国电信集团公司	49	438	中国大唐集团公司	3
161	中国电力建设集团有限公司	33	151	中国航空工业集团公司	3
4	中国石油天然气集团公司	24	93	中国交通建设集团有限公司	3
138	中国恒大集团	16	121	中国人民保险集团股份有限公司	3
112	中国五矿集团公司	15	51	中国人寿保险	3
202	绿地控股集团有限公司	13	177	碧桂园控股有限公司	2
26	中国工商银行	13	288	赛诺菲	2
44	中国银行	13	439	新疆广汇实业投资	2

续表

排名	单位名称	人数	排名	单位名称	人数
188	招商银行	12	251	中国铝业公司	2
333	苏宁易购集团	11	199	中国太平洋保险	2
31	中国建设银行	11	137	中国中信集团有限公司	2
36	中国农业银行	11	362	国家电力投资集团公司	1
88	中国中化集团公司	11	448	海尔智家股份有限公司	1
198	辉瑞制药有限公司	7	369	金川集团	1
97	太平洋建设集团	7	167	联合利华	1
375	中国电子信息产业集团有限公司	7	109	强生	1
262	中国联合网络通信股份有限公司	7	15	三星电子	1
111	中国南方电网有限责任公司	7	244	招商局集团	1
435	国际航空集团	6	220	浙江吉利控股集团	1
56	中国移动通信集团公司	6	243	中国船舶重工集团公司	1
286	中国华能集团公司	5	87	中国第一汽车集团公司	1
2	中国石油化工集团公司	5	364	中国能源建设集团	1
134	中粮集团有限公司	5	29	中国平安保险	1
254	万科企业股份有限公司	4	169	中国医药集团	1
63	中国海洋石油总公司	4	101	中国邮政集团公司	1

注：1. 根据就业人数降序排列，就业人数相同的单位，则采用音序排列。

2. 世界 500 强：《财富》杂志每年评选的"全球最大五百家公司"，本调查统计以《财富》2019 年发布的世界 500 强名单为依据。

数据来源：新疆公共就业服务网数据。

四、深造及创业情况

（一）国内升学

学校 2019 届本科毕业生中，共有 1051 人选择国内升学，升学率为 20.21%；专科毕业生中,共有 3 人选择国内升学,升学率为 0.74%。

表 8-14　2019 届本科毕业生升学人数及比例

学历	人数	占该学历毕业生的比例
本科毕业生	1051	20.21%
专科毕业生	3	0.74%
整体	1054	18.80%

数据来源：新疆公共就业服务网数据。

本科毕业生升学院校层次分布：选择在国内继续深造的本科毕业生中,升入"双一流"高校的有 838 人,占本科国内升学总人数的 79.73%；升入中科院等国内知名科研院所的有 17 人,占本科国内升学总人数的 1.62%。

表 8-15　2019 届本科毕业生升学院校类型统计

院校类别		人数	占比
"双一流"高校	一流学科建设高校	625	59.47%
	一流大学建设高校	213	20.27%
普通院校		196	18.65%
中科院等国内知名科研院所		17	1.62%

数据来源：新疆公共就业服务网数据。

本科毕业生主要升学院校流向：本科毕业生升学院校主要流向了本校(468 人)、新疆医科大学(23 人)、兰州大学(21 人)等院校。本科毕业生主要流向院校分布如表 8-16 所示。

表 8-16　2019 届本科毕业生主要升学院校流向

院校名称	人数	院校名称	人数
石河子大学	468	陕西师范大学	9
新疆医科大学	23	重庆大学	9
兰州大学	21	山东大学	7
新疆大学	19	吉林大学	6
四川大学	18	江南大学	6
西北农林科技大学	16	西安电子科技大学	6

院校名称	人数	院校名称	人数
华中科技大学	15	新疆农业大学	6
南京农业大学	11	长沙理工大学	6
西安交通大学	11	暨南大学	5
福建农林大学	10	天津大学	5
武汉大学	10	西南交通大学	5
西南大学	10	郑州大学	5
湖南大学	9	中国科学院新疆生态与地理研究所	5
华东理工大学	9	中国农业大学	5
华中农业大学	9	中南大学	5
南京师范大学	9	—	—

注：1. 主要流向院校指流向该校人数 ≥ 5 的院校。

2. 主要流向院校根据升学人数降序排列；而升学人数相同的院校，则采用音序排列。

数据来源：新疆公共就业服务网数据。

专科毕业生升学院校流向：专科毕业生中，有3人选择升学，升学院校均为新疆财经大学。

升学原因：本科毕业生升学的首要原因是"增加择业资本、站在更高的求职起点"（44.91%），其次是"提升综合能力"（25.56%）和"对专业感兴趣、深入学习"（17.79%）；而因"延缓面对就业的困难"选择升学的本科毕业生占比相对较低，可见谋求个人事业发展的更大空间为本科毕业生的升学动力。

（二）出国（境）

留学人数及比例：学校2019届毕业生中，共有45人选择出国（境）深造（0.80%），其中40人出国学习，5人出国工作，45人均为本科毕业生。

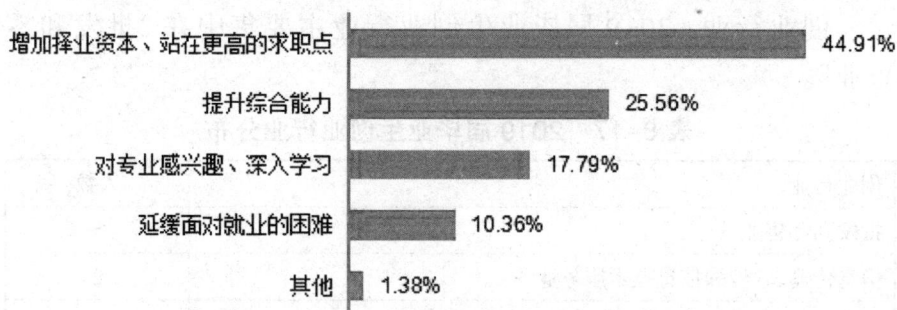

图 8-13 2019 届本科毕业生升学原因

注：因专科毕业生调研回收样本较少，故升学原因只针对本科毕业生展开描述分析。

数据来源：第三方机构新锦成—2019 届毕业生就业与培养质量调查。

出国（境）原因：本科毕业生出国（境）的首要原因是"良好的语言环境，提高语言能力和外语水平"（65.00%），其次是"更先进的教学和科研水平，更好的教育条件"（50.00%）。

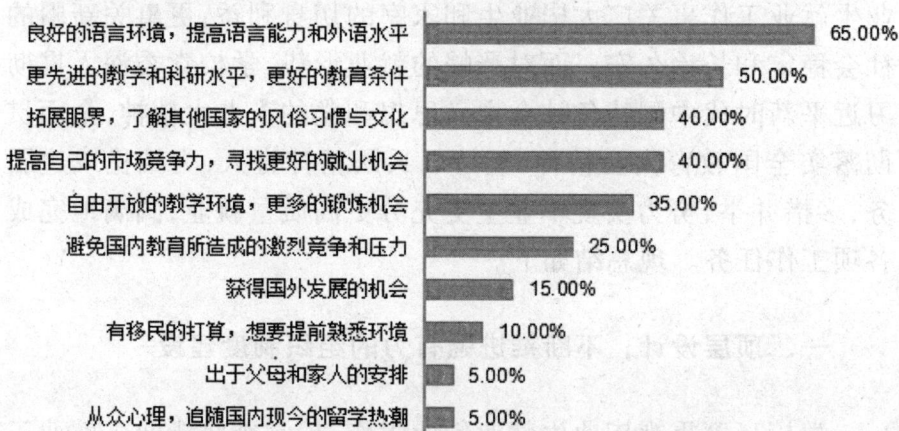

图 8-14 2019 届本科毕业生出国（境）原因

数据来源：第三方机构新锦成—2019 届毕业生就业与培养质量调查。

（三）自主创业

创业人数及比例：学校 2019 届毕业生中，共有 11 人选择自主创业（0.20%），均为本科毕业生。

数据来源：新疆公共就业服务网数据。

创业行业：2019 届毕业生创业行业主要集中在"批发和零售业"。

表 8-17　2019 届毕业生创业行业分布

创业行业	人数
批发和零售业	5
信息传输、软件和信息技术服务业	2
住宿和餐饮业	2
制造业	1
文化、体育和娱乐业	1

数据来源：新疆公共就业服务网数据。

第二篇　就业创业工作举措

促进高校毕业生就业创业，既是民生，也是国计，新疆高校毕业生就业工作事关广大毕业生和家庭的切身利益，更事关新疆的社会稳定和长治久安。面对严峻的就业形势，学校党委深入贯彻习近平新时代中国特色社会主义思想和党的十九大精神，全面贯彻落实全国教育大会精神，坚持以兵团精神育人，为维稳戍边服务，多措并举，努力实现毕业生更充分更高质量就业，圆满地完成各项工作任务。现总结如下。

一、顶层设计，不断推进强有力的组织制度建设

学校高度重视毕业生就业创业工作，校党委将毕业生就业工作纳入重要议事日程，将就业率作为重要指标纳入学院"十三五"规划纲要实施考评体系和专业动态调整的关键因素。为进一步贯彻落实就业工作"一把手"工程，2019 年调整我校大学生就业创业工作领导小组，校党委书记、校长任领导小组组长，相关职能部门负责人和学院党委书记为成员，构建了党委统一领导，党政齐抓共管，学院各司其责的就业工作体系，有力地调动了校院两级就业工作的主动性和积极性。

2019 年先后举办党委学生工作会议暨就业工作会议、毕业生就业委员暨校友联络员聘任及表彰大会、毕业生赴基层就业出征仪式、招生就业促进会暨校友会第三届会员代表大会、2020 届毕业生就业创业工作网络视频会议石河子大学分会场等,形成"校院高度重视、就业部门上下联动、师生共同参与"的毕业生就业工作格局。

二、积极拓展,完善"1+N+X"的校园就业市场

(一)开拓毕业生就业市场

坚持"走出去"和"请进来"相结合,多渠道开拓毕业生就业市场。2019 年通过校企人才对接会、企业大学生职业发展规划论坛、学生职场体验、招生宣传等形式先后与山东龙口市人社局、三师图木舒克市人社局、15 个大型企业进行调研交流,多渠道邀请疆内外大中型企业、人力资源市场来校招聘;发动教师深入各行业挖信息、找岗位,借助项目合作等渠道主动向企业推介毕业生;以 70 周年校庆为契机,充分利用校友资源,收集就业信息,邀请校友所在单位来校招聘。毕业生校园就业市场进一步呈区域布局合理、层次结构优化、社会需求稳定的特点。

(二)建设校园就业市场

为实现校园招聘活动的"四个对接"(学院专业与行业对接、学院与企业对接、学生见习实践与就业对接、人才培养目标与社会需求对接),按照"分层次、分类别、分行业"的要求,搭建"1+N+X"的校园就业市场模式,举办大型综合类招聘会 1 场,学型行业型招聘会 11 场,用人单位专场招聘会 256 场,已累计吸引疆内外近 1300 余家用人单位,提供就业岗位 3 万余个,其中中央企业、国有企业和上市公司超过 50%,校园就业市场招聘的单位数量和质量均有提高。

表 8-18　石河子大学 2019 年大中型招聘会情况

序号	时间	招聘会类别	参会单位（家）	地点
1	2019 年 3 月 23 日	师范类专场招聘会	212	中区体育馆
2	2019 年 3 月 24 日	医药类专场招聘会	206	中区体育馆
3	2019 年 3 月 24 日	外语类专场招聘会	43	会 1 东 411
4	2019 年 3 月 30 日	工科类专场招聘会	190	中区体育馆
5	2019 年 3 月 31 日	农科类专场招聘会	104	中区体育馆
6	2019 年 4 月 13 日	食品类专场招聘会	24	绿 3-101.102
7	2019 年 4 月 21 日	生科理学专场招聘会	30	中区大学生活动中心
8	2019 年 4 月 27 日	计算机类专场招聘会（春季）	52	中区大学生活动中心
9	2019 年 4 月 28 日	经管类专场招聘会（春季）	130	东区室内田径馆
10	2019 年 11 月 3 日	经管类专场招聘会（秋季）	118	东区室内田径馆
11	2019 年 11 月 16 日	计算机类专场招聘会（秋季）	66	中区大学生活动中心
12	2019 年 11 月 30 日	综合类招聘会	223	东区室内田径馆

（三）提升就业招聘服务

坚持"以用人单位为中心，以毕业生为中心"的就业服务理念，印发《石河子大学 2019 届本专科毕业生就业选录指南》2000余册，向用人单位积极推介毕业生求职信息。完善各类招聘会网上预约系统，优化招聘会工作流程，提升了校园招聘会发布的时效性、便捷性。提供从预约报名到签约的一站式、个性化服务，针对用人单位不同的需求，校园招聘每个环节均有专人负责，全程给予支持。

（四）搭建信息发布平台

充分利用"互联网 + 就业"，搭建"1+2+3"就业信息发布平台,实现一个就业网站互联互通,两个平台精准推送,三个渠道无缝对接,打通就业信息发布的"最后一公里",为毕业生提供快捷、高效的多渠道信息服务。2019年就业网站累计发布就业信息815条,"就在石大"微信公众平台累计推送就业信息1319条,"精准就业平台"采集了5606名2019届毕业生就业意愿,并实现了"点对点"信息推送。

（五）规范就业市场管理

为维护学校正常教学秩序和校园安全稳定,切实维护毕业生、用人单位和学校合法权益,校园招聘活动按照"谁组织,谁负责"的原则,提前审核用人单位资质、招聘简章、宣传海报、招聘人员等信息,招聘活动有专人全程负责跟进,谨防虚假招聘、就业歧视和不当言论等,把保障高校毕业生就业权益摆在突出位置。

三、实践引领,推进就业课程建设

（一）完善就业课程实践教学体系

按照"一门课程为基础(大学生职业发展与就业指导课程)、两个大赛做展示(职业生涯规划大赛和'直击梦想'求职大赛)、三个指导促服务(群体辅导、个体咨询、生涯服务)"的就业课程指导体系建设思路,58名专兼职教师为全校2万余学生讲授课程,重点促进课程实践落地,7名全球职业规划师(GCDF)加盟大学生职业发展咨询室,为学生提供个性化咨询50余人次;开展"就在石大"生涯工作坊——简历门诊,受到毕业生高度关注。

（二）加强就业指导队伍建设

加快建设一支职业化、专业化、专家化的就业指导队伍,当前教师队伍数量稳定、结构合理,为进一步充实课程教师队伍,试讲选拔19名教师加入课程基层教学组织。将课程教研活动、校本培训和外出培训相结合,不断提升就业课程授课教师教学能力和水平。2019 年分批次选派 50 余人次外出参加生涯教育和就业指导培训,不断提升教师授课水平和职业咨询能力。

（三）探索"招聘宣讲 + 就业指导"新模式

充分挖掘行业企业资源,以用人单位专场招聘会为依托,邀请资深人力资源经理,将科学就业指导融入在招聘宣讲的过程中,让毕业生更好地了解行业、企业需求及就业现状,明确个人定位,突出职业指导的针对性,探索"招聘宣讲 + 就业指导"新模式。

四、精准服务，做好毕业生就业引导和重点就业群体帮扶

（一）引导毕业生服务向南发展战略和基层就业

引导毕业生服务向南发展战略和基层就业可以从以下几个方面进行。

第一,强化思想引领。学校党委努力把兵团精神育人思想政治工作优势转化为引导学生留疆建功立业的实际效果,精心打造了石大名师思政导读"道路与人生"选修课、"兵团精神大讲堂"。把学科专业带头人、教学名师、兵团第一代建设者、各级党政领导、杰出校友请进课堂、请上讲台,通过以自己的励志人生,把奉献国家的矢志不渝、教学科研的刻苦努力、异国进修的发奋专研、基层服务的吃苦耐劳娓娓道来,让鲜活、特色的内容感染学生,为学生树立起奋斗的标杆。

第二,创新活动形式。组织开展以"筑梦新时代 建功在基层"为主题的 2019 年基层就业服务月活动,从基层就业政策宣传、基层就业典型宣传、基层就业能力提升、基层就业市场拓展开展活动,邀请中公教育、华图教育、对啊网等职业讲师开展系列活动,引导毕业生树立正确就业择业观,基层就业从"心动"到"行动"的转变。为 2019 届赴基层就业毕业生举行盛大出征仪式,颁发荣誉证书和授旗,增强毕业生的荣誉感、使命感和家国情怀。

第三,完善制度保障。为引导鼓励我校毕业生赴新疆、兵团基层就业,出台《石河子大学关于进一步引导和鼓励毕业生基层就业的实施意见》,加大毕业生基层就业尤其是南疆就业的奖励力度,对赴新疆、兵团县级以下基层单位毕业生给予3000至8000元奖励,2019年累计为130名学生发放奖励资金50.6万元。加大基层就业校友关注力度,校领导带队对2019届赴兵团三师就业毕业生进行回访,了解基层政策落实情况,与相关部门为该批毕业生发放"胡杨奖学金"事宜,真正做到离校不离心,服务不断线。

通过多项举措,2019届毕业生涌现出一批立志服务基层、服务南疆、服务兵团的代表,胡新峰等受到了央广之声的宣传报道,我校基层就业工作的做法也受到了兵团领导的重要批示。

（二）以学生中心构建"54321"精准就业服务体系

以学生中心构建"54321"精准就业服务体系可以从以下几个方面进行。

第一,坚持五个主动,提供优质服务。始终坚持以学生为本,就业工作中坚持做到"五个主动"（主动对外宣传毕业生、主动了解毕业生择业意向与要求、主动了解毕业生基本情况和家庭情况、主动帮助毕业生解决就业中的实际困难、主动协助办理就业手续）。为毕业生推出《2020届毕业生就业指导手册》电子版,开展就业指导公益讲座50余场,为3950人次毕业生开展就业能力提升培训,提供政策咨询和服务5719人次。优化业务工作流程,做到细致化、规范化,发放及补办就业协议书5606本,暑假期间为93名毕业生办理就业协议书和报到证改派服务。

第二,关注四个群体,开展三项帮扶。抓住四个关注家庭困难毕业生、女大学生、文科毕业生和少数民族毕业生等特殊就业群体,建立就业援助机制和分类指导机制,从经济、心理、技能进行精准帮扶。分别为2019届322名和2020届429名享受低保家庭、残疾和助学贷款的毕业生申报求职创业补贴60.08万元，其中享受低保家庭毕业生118名，残疾毕业生12名，享受助学贷款毕业生621名。以大学生职业发展咨询室为依托，为特殊就业群体提供"一对一"生涯指导服务和心理支持，实施2020届离校未就业毕业生就业跟踪服务活动，通过电话、短信、微信、QQ等途径累计为1401人提供职业指导服务、就业信息推送、就业岗位推荐、重点就业帮扶、就业政策咨询。开展系列职业能力提升培训，继续为女大学生、文科毕业生和少数民族毕业生继续举办"筑梦未来 就在石大"专场招聘会，利用与少数民族开展"民族团结一家亲"暨"三进两联一交友"活动，转变少数民族毕业生就业观念，推荐就业岗位。

第三，抓住两个群体，利用一个平台。做好精准化就业服务，教师和学生是关键，以就业信息平台为载体，努力实现互联网＋就业指导。抓好专兼职相结合的就业指导教师队伍建设，促进教师的专业化成长、专家化发展，为毕业生提供个性化咨询、多元化团体辅导、全程化服务指导。抓好就业委员和就业社团的建设，发挥学生自我服务和自我管理的作用。为进一步实现毕业生就业精准服务，不断畅通就业信息渠道，为2020届毕业生班级中选聘146名就业委员，负责班级就业信息发布和提供就业服务，同时建立就业委员与校友联络员的身份转变机制，强化毕业生离校后跟踪服务，为增强就业委员工作的有效性和荣誉感，与2019届就业委员代表举办了座谈会，对153名就业委员进行了表彰。

就业社团积极组织开展了职业生涯规划设计大赛、创业头脑风暴大赛等多项活动，激发了大学生的就业创业意识，提升了就业创业实践能力，得到了学生的好评。积极探索大学生职场体验新模式，启动"建功新时代，青春耀边疆"——石大学子企业行社会实践活动，累计组织66名学生深入新疆农夫基地玛纳斯食品有限公司、益海（昌吉）粮油工业有限公司一线参观、与企业部门负责人座谈、与校友交流，让学生提前触摸真实职场，了解行业企业。

第三篇　就业质量相关分析

从"学生"视角综合评价高校毕业生的就业质量,可以较全面地了解毕业生当前的就业现状及其竞争优劣势。其中,毕业生对自身就业质量评价指标包括薪酬情况、目前工作与所学专业的相关情况、对目前工作的满意度、目前工作与自身职业期待的吻合情况、离职率情况。

学校 2019 届毕业生税前月均收入为 4964.98 元,专业匹配度为 73.51%,工作满意度为 88.13%,职业期待吻合度为 79.33%,离职率为 7.73%。针对毕业生对自身就业质量评价进行分学历分析。

一、本科毕业生

（一）薪酬水平

薪酬区间:学校 2019 届本科毕业生月均收入相对较高,为 5086.12 元;其中 42.58% 的本科毕业生月均收入在 3501-5000 元区间内,19.91% 的本科毕业生月均收入在 2001—3500 元之间。

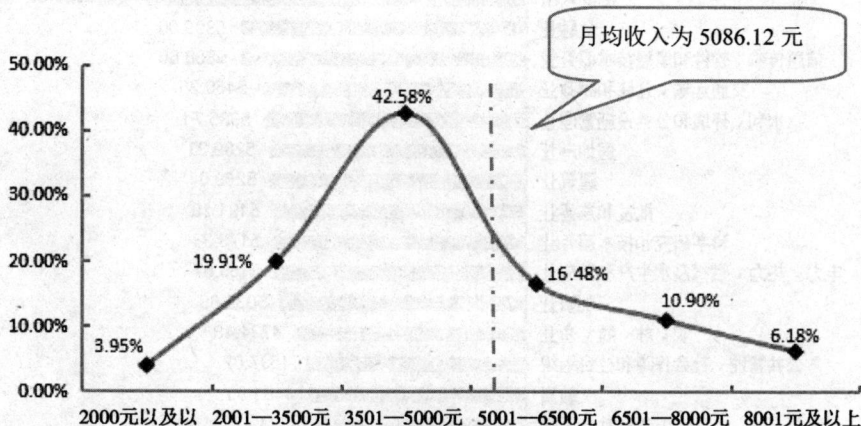

图 8-15　2019 届本科毕业生薪酬区间分布

数据来源:第三方机构新锦成——2019 届毕业生就业与培养质量调查。

主要就业地区月均收入:在北京市就业的本科毕业生当前

月均收入水平相对较高,为 7738.82 元;而在河北省就业的本科毕业生当前月均收入水平相对较低,为 4699.23 元。

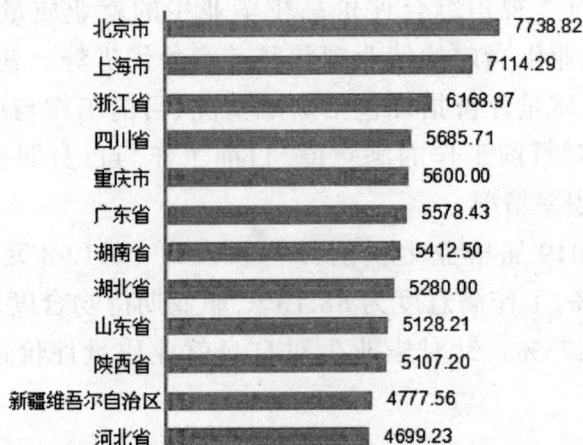

地区	月均收入
北京市	7738.82
上海市	7114.29
浙江省	6168.97
四川省	5685.71
重庆市	5600.00
广东省	5578.43
湖南省	5412.50
湖北省	5280.00
山东省	5128.21
陕西省	5107.20
新疆维吾尔自治区	4777.56
河北省	4699.23

图 8-16 2019 届本科毕业生主要就业地区月均收入水平(单位:元)

注:主要就业地区指样本人数 ≥ 20 人的就业地区。

数据来源:第三方机构新锦成——2019 届毕业生就业与培养质量调查。

主要就业行业领域月均收入:在"应征入伍"就业的本科毕业生薪酬优势较高,月均收入为 8828.86 元;而在"卫生和社会工作"领域就业的本科毕业生月均收入水平相对较低,为 4324.42 元。

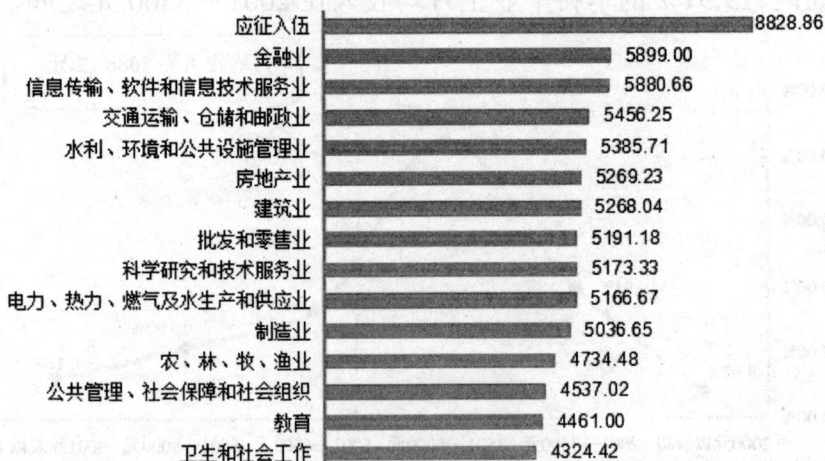

行业	月均收入
应征入伍	8828.86
金融业	5899.00
信息传输、软件和信息技术服务业	5880.66
交通运输、仓储和邮政业	5456.25
水利、环境和公共设施管理业	5385.71
房地产业	5269.23
建筑业	5268.04
批发和零售业	5191.18
科学研究和技术服务业	5173.33
电力、热力、燃气及水生产和供应业	5166.67
制造业	5036.65
农、林、牧、渔业	4734.48
公共管理、社会保障和社会组织	4537.02
教育	4461.00
卫生和社会工作	4324.42

图 8-17 2019 届本科毕业生主要就业行业月均收入水平(单位:元)

注:主要就业行业指样本人数 ≥ 20 人的就业行业。

数据来源:第三方机构新锦成——2019 届毕业生就业与培养质量调查。

（二）专业匹配度

整体专业匹配度：72.51% 的本科毕业生认为目前就职岗位与所学专业相关，其中"很相关"占比 28.13%，"相关"占比 20.64%。

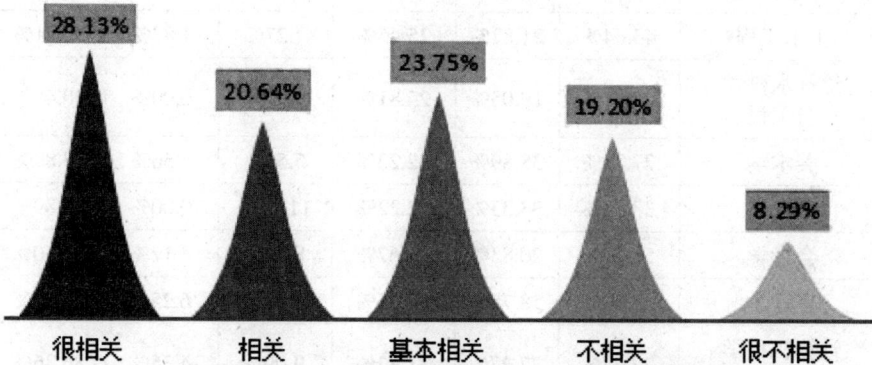

图 8-18　2019 届本科毕业生专业匹配度分布

注：专业匹配度评价维度包括"很相关""相关""基本相关""不相关""很不相关"和"无法评价"；其中，匹配度为选择"很相关""相关"和"基本相关"的人数占"此题总人数—无法评价人数"的比例。

数据来源：第三方机构新锦成——2019 届毕业生就业与培养质量调查。

主要专业的专业匹配度：临床医学、口腔医学、数学与应用数学 3 个专业的本科毕业生目前工作的专业匹配度相对较高，均在 95.00% 以上；而农业机械化及其自动化、材料科学与工程专业的本科毕业生目前工作的专业匹配度相对较低，均在 25.00% 以下。

表 8-19　2019 届主要专业本科毕业生专业匹配度情况分布

专业	很相关	相关	基本相关	不相关	很不相关	匹配度
临床医学	56.45%	30.65%	12.90%	0.00%	0.00%	100.00%
口腔医学	81.82%	18.18%	0.00%	0.00%	0.00%	100.00%
数学与应用数学	62.50%	25.00%	8.33%	4.17%	0.00%	95.83%
护理学	60.53%	23.68%	10.53%	5.26%	0.00%	94.74%

续表

专业	很相关	相关	基本相关	不相关	很不相关	匹配度
地理科学	52.94%	23.53%	17.65%	0.00%	5.88%	94.12%
电子信息工程	20.00%	13.33%	60.00%	6.67%	0.00%	93.33%
财务管理	34.78%	39.13%	17.39%	8.70%	0.00%	91.30%
土木工程	43.64%	21.82%	25.45%	7.27%	1.82%	90.91%
给排水科学与工程	47.62%	19.05%	23.81%	9.52%	0.00%	90.48%
美术学	27.78%	38.89%	22.22%	5.56%	5.56%	88.89%
药学	33.33%	33.33%	22.22%	11.11%	0.00%	88.89%
会计学	50.00%	20.83%	16.67%	8.33%	4.17%	87.50%
审计学	37.50%	18.75%	31.25%	6.25%	6.25%	87.50%
计算机科学与技术	27.27%	27.27%	31.82%	9.09%	4.55%	86.36%
信息管理与信息系统	10.34%	44.83%	31.03%	6.90%	6.90%	86.21%
化学	64.29%	14.29%	7.14%	7.14%	7.14%	85.71%
中药学	42.86%	14.29%	28.57%	14.29%	0.00%	85.71%
电气工程及其自动化	50.00%	19.23%	15.38%	15.38%	0.00%	84.62%
金融学	23.08%	23.08%	38.46%	15.38%	0.00%	84.62%
农业水利工程	16.00%	24.00%	44.00%	16.00%	0.00%	84.00%
英语(外国语学院)	38.89%	38.89%	5.56%	5.56%	11.11%	83.33%
水利水电工程	25.00%	20.83%	37.50%	16.67%	0.00%	83.33%
法学	23.53%	29.41%	29.41%	17.65%	0.00%	82.35%
预防医学	17.65%	11.76%	52.94%	17.65%	0.00%	82.35%
物理学	20.00%	30.00%	30.00%	10.00%	10.00%	80.00%
公共事业管理	0.00%	10.00%	70.00%	10.00%	10.00%	80.00%
视觉传达设计	30.77%	38.46%	7.69%	15.38%	7.69%	76.92%
人力资源管理	25.00%	25.00%	25.00%	25.00%	0.00%	75.00%
体育教育	52.63%	5.26%	15.79%	15.79%	10.53%	73.68%

续表

专业	很相关	相关	基本相关	不相关	很不相关	匹配度
汉语言	38.89%	11.11%	22.22%	22.22%	5.56%	72.22%
经济学	14.29%	0.00%	57.14%	28.57%	0.00%	71.43%
食品科学与工程	20.00%	20.00%	30.00%	10.00%	20.00%	70.00%
机械设计制造及其自动化	15.87%	23.81%	28.57%	23.81%	7.94%	68.25%
政治学与行政学	8.00%	20.00%	40.00%	24.00%	8.00%	68.00%
化学工程与工艺	9.52%	33.33%	23.81%	33.33%	0.00%	66.67%
历史学	23.81%	9.52%	28.57%	33.33%	4.76%	61.90%
工业工程	11.11%	5.56%	38.89%	38.89%	5.56%	55.56%
应用心理学	20.00%	25.00%	10.00%	20.00%	25.00%	55.00%
应用物理学	9.09%	27.27%	18.18%	36.36%	9.09%	54.55%
经济统计学	9.09%	18.18%	27.27%	27.27%	18.18%	54.55%
环境工程	0.00%	20.00%	30.00%	30.00%	20.00%	50.00%
电子商务	7.14%	0.00%	42.86%	35.71%	14.29%	50.00%
俄语	14.29%	9.52%	9.52%	28.57%	38.10%	33.33%
物流管理	3.57%	7.14%	21.43%	46.43%	21.43%	32.14%
中国少数民族语言文学	0.00%	4.17%	20.83%	41.67%	33.33%	25.00%
农业机械化及其自动化	4.55%	4.55%	13.64%	59.09%	18.18%	22.73%
材料科学与工程	0.00%	0.00%	20.00%	70.00%	10.00%	20.00%

注：1.专业匹配度评价维度包括"很相关""相关""基本相关""不相关""很不相关"和"无法评价"；其中，匹配度为选择"很相关""相关"和"基本相关"的人数占"此题总人数—无法评价人数"的比例。

2.建筑学等专业样本量较小，不纳入报告的分析范围。

数据来源：第三方机构新锦成——2019届毕业生就业与培养质量调查。

（三）工作满意度

工作整体及各方面的满意度：学校2019届本科毕业生对目

前工作整体满意度为 87.65%；对职业发展前景、工作内容、薪酬的满意度分别为 80.25%、82.01%、76.73%。

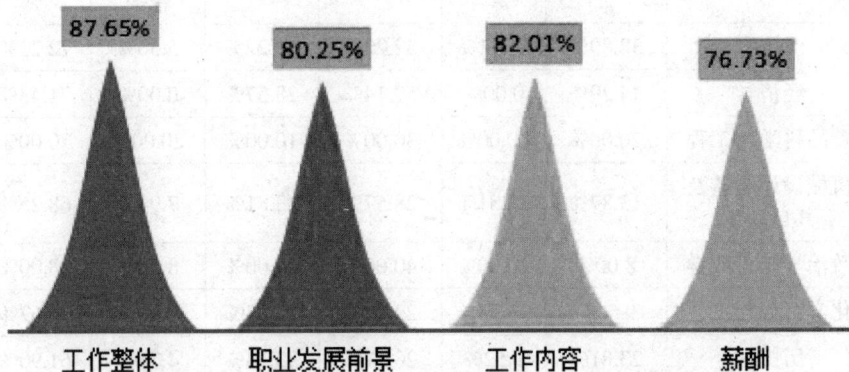

图 8-19　2019 届本科毕业生对工作满意度的评价

注：评价维度包括"很满意""满意""基本满意""不满意""很不满意"和"无法评价"；其中，满意度为选择"很满意""满意"和"基本满意"的人数占"此题总人数—无法评价人数"的比例。

数据来源：第三方机构新锦成——2019 届毕业生就业与培养质量调查。

主要就业行业的工作满意度：就业于"应征入伍"（96.88%）、"电力、热力、燃气及水生产和供应业"（92.31%）、"交通运输、仓储和邮政业"（92.16%）的本科毕业生对目前工作满意度评价相对较高；而就业于"房地产业"的本科毕业生对目前工作满意度评价相对较低。

（四）发展成长度

1. 职业期待吻合度

职业期待吻合度：2019 届本科毕业生目前所从事的工作与自身职业期待的吻合度为 78.90%，其中"很符合"所占比例为 11.28%，"符合"所占比例为 21.43%；可见目前已落实的工作整体比较符合自身的就业期望。

応征入伍　　　　　　　　　　　　　　　　　　　　　　　　96.88%
电力、热力、燃气及水生产和供应业　　　　　　　　　　92.31%
交通运输、仓储和邮政业　　　　　　　　　　　　　　　92.16%
教育　　　　　　　　　　　　　　　　　　　　　　　　91.14%
批发和零售业　　　　　　　　　　　　　　　　　　　　90.62%
农、林、牧、渔业　　　　　　　　　　　　　　　　　　90.00%
信息传输、软件和信息技术服务业　　　　　　　　　　　89.29%
科学研究和技术服务业　　　　　　　　　　　　　　　　88.24%
公共管理、社会保障和社会组织　　　　　　　　　　　　86.36%
水利、环境和公共设施管理业　　　　　　　　　　　　　85.19%
制造业　　　　　　　　　　　　　　　　　　　　　　　84.47%
卫生和社会工作　　　　　　　　　　　　　　　　　　　83.94%
建筑业　　　　　　　　　　　　　　　　　　　　　　　82.91%
金融业　　　　　　　　　　　　　　　　　　　　　　　82.46%
房地产业　　　　　　　　　　　　　　　　　　　　　　82.14%

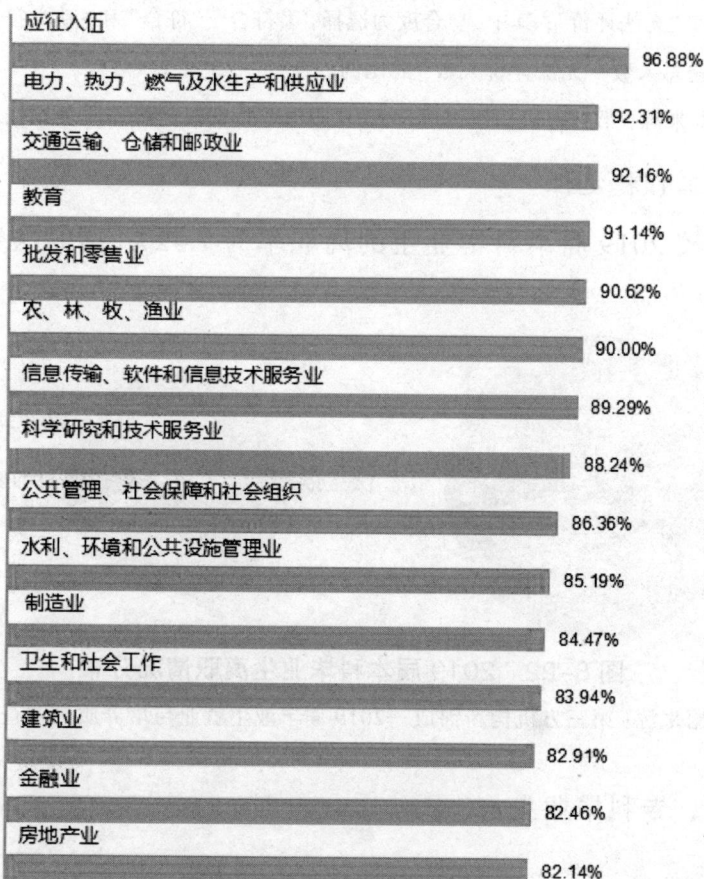

图 8-20　2019 届本科毕业生主要就业行业的工作满意度分布

注：主要就业行业指就业人数 ≥ 20 人的行业。

数据来源：第三方机构新锦成—2019 届毕业生就业与培养质量调查。

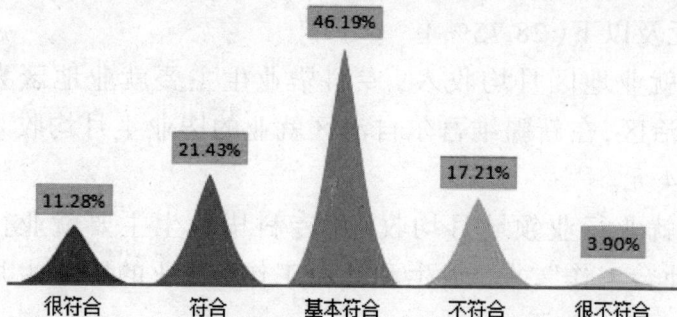

很符合 11.28%　符合 21.43%　基本符合 46.19%　不符合 17.21%　很不符合 3.90%

图 8-21　2019 届本科毕业生职业期待吻合情况

注：职业期待吻合度评价维度包括"很符合""符合""基本符合""不符合""很

不符合"和"无法评价";其中,吻合度为选择"很符合""符合"和"基本符合"的人数占"此题总人数—无法评价人数"的比例。

数据来源:第三方机构新锦成—2019届毕业生就业与培养质量调查。

2. 工作稳定性

本校 2019 届本科毕业生的离职率为 7.42%,离职次数集中在 1 次。

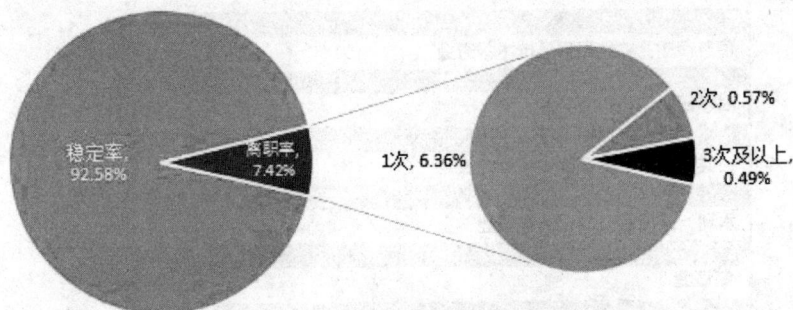

图 8-22 2019 届本科毕业生离职情况分布

数据来源:第三方机构新锦成—2019届毕业生就业与培养质量调查。

二、专科毕业生

(一)薪酬水平

薪酬区间:学校 2019 届专科毕业生税前月均收入为 3200.88 元;月均收入区间主要集中在 2001——3500 元(40.00%),其次为 2000 元及以下(28.75%)。

主要就业地区月均收入:专科毕业生主要就业地区为新疆维吾尔自治区,在新疆维吾尔自治区就业的毕业生月均收入水平为 3121.74 元。

主要就业行业领域月均收入:专科毕业生主要就业行业为"卫生和社会工作",在"卫生和社会工作"就业的毕业生月均收入水平为 3001.19 元。

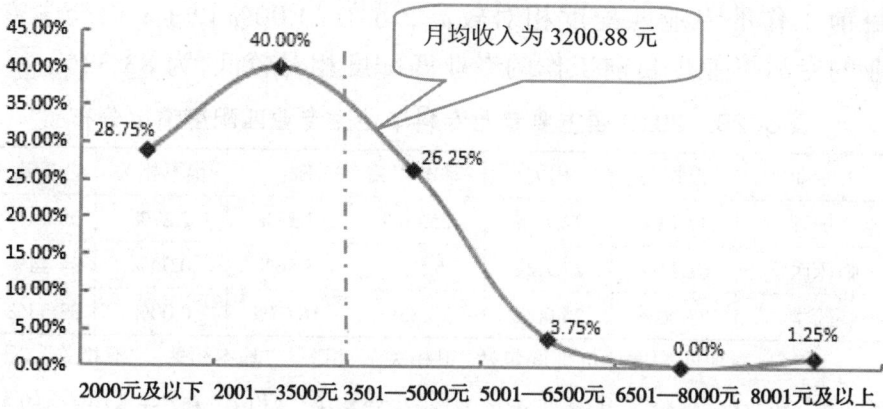

月均收入为3200.88元

图 8-23 2019届专科毕业生薪酬区间分布

注：薪酬包括能折算为现金的工资、福利等。

数据来源：第三方机构新锦成—2019届毕业生就业与培养质量调查。

（二）专业匹配度

专业匹配度：87.64%的专科毕业生认为目前就职岗位与所学专业相关，其中"很相关"占比43.82%，"相关"占比23.60%。

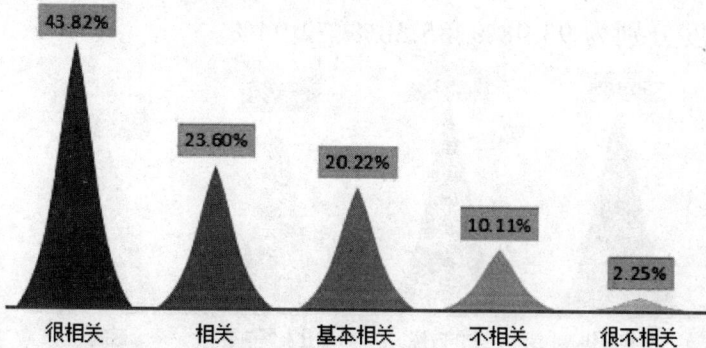

图 8-24 2019届专科毕业生专业匹配度分布

注：专业匹配度评价维度包括"很相关""相关""基本相关""不相关""很不相关"和"无法评价"；其中，匹配度为选择"很相关""相关"和"基本相关"的人数占"此题总人数—无法评价人数"的比例。

数据来源：第三方机构新锦成—2019届毕业生就业与培养质量调查。

主要专业的专业匹配度：护理、临床医学专业的专科毕业生目前工作的专业匹配度相对较高,均在94.00%以上;而药学专业的专科毕业生目前工作的专业匹配度相对较低,为83.33%。

表8-20　2019届主要专业专科毕业生专业匹配度情况分布

专业	很相关	相关	基本相关	不相关	很不相关	匹配度
护理	47.73%	22.73%	25.00%	2.27%	2.27%	95.45%
临床医学	61.11%	27.78%	5.56%	5.56%	0.00%	94.44%
药学	25.00%	25.00%	33.33%	16.67%	0.00%	83.33%

注:1.专业匹配度评价维度包括"很相关""相关""基本相关""不相关""很不相关"和"无法评价";其中,匹配度为选择"很相关""相关"和"基本相关"的人数占"此题总人数—无法评价人数"的比例。

2.旅游管理等专业样本量较小,不纳入报告的分析范围。

数据来源:第三方机构新锦成—2019届毕业生就业与培养质量调查。

（三）工作满意度

工作整体及各方面的满意度:学校2019届专科毕业生对目前工作整体满意度为95.18%;对工作内容、职业发展前景、薪酬的满意度分别为93.98%、85.88%、72.94%。

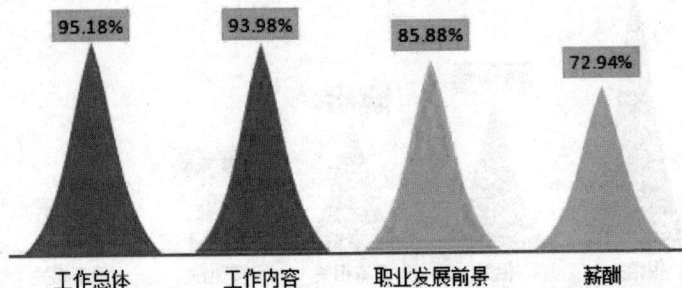

图8-25　2019届专科毕业生对目前工作满意度的评价

注:评价维度包括"很满意""满意""基本满意""不满意""很不满意"和"无法评价";其中,满意度为选择"很满意""满意"和"基本满意"的人数占"此题总人数—无法评价人数"的比例。

数据来源:第三方机构新锦成—2019届毕业生就业与培养质量调查。

主要就业行业的工作满意度:专科毕业生主要就业行业为

"卫生和社会工作",就业于"卫生和社会工作"的专科毕业生对目前工作满意度为96.67%。

数据来源：第三方机构新锦成—2019届毕业生就业与培养质量调查。

（四）发展成长度

1. 职业期待吻合度

整体职业期待吻合度：2019届专科毕业生目前所从事的工作与自身职业期待的吻合度为85.72%,其中"很符合"所占比例为16.67%,"符合"所占比例为20.24%。

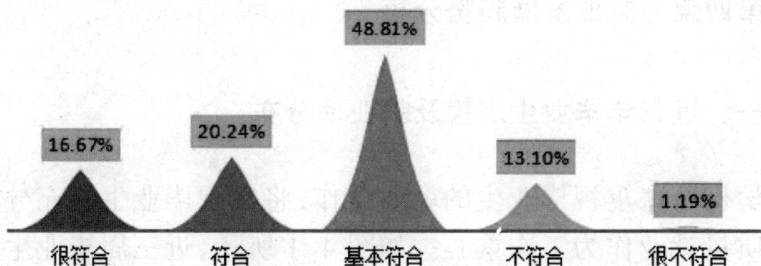

图8-26　2019届专科毕业生职业期待吻合情况

注：1.职业期待吻合度评价维度包括"很符合""符合""基本符合""不符合""很不符合"和"无法评价"；其中,吻合度为选择"很符合""符合"和"基本符合"的人数占"此题总人数—无法评价人数"的比例。

2.因四舍五入保留两位小数,各分项占比之和可能存在±0.01%的误差。

数据来源：第三方机构新锦成—2019届毕业生就业与培养质量调查。

2. 工作稳定性

本校2019届专科毕业生的离职率为12.66%,离职次数集中在1次。

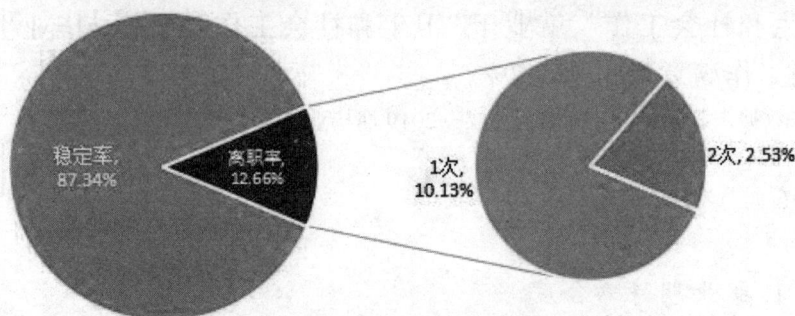

稳定率,
87.34%

离职率,
12.66%

1次,
10.13%

2次,2.53%

图 8- 27　2019 届专科毕业生离职情况分布

数据来源：第三方机构新锦成—2019 届毕业生就业与培养质量调查。

第四篇　就业发展趋势分析

一、近三年毕业生规模及就业率分布

学校历来重视毕业生的就业工作,将实现毕业生的充分就业和高质量就业作为工作重心。如图 4-1 所示,近三届毕业生规模有所波动,就业率稳中有升,始终保持在 88.00% 以上。

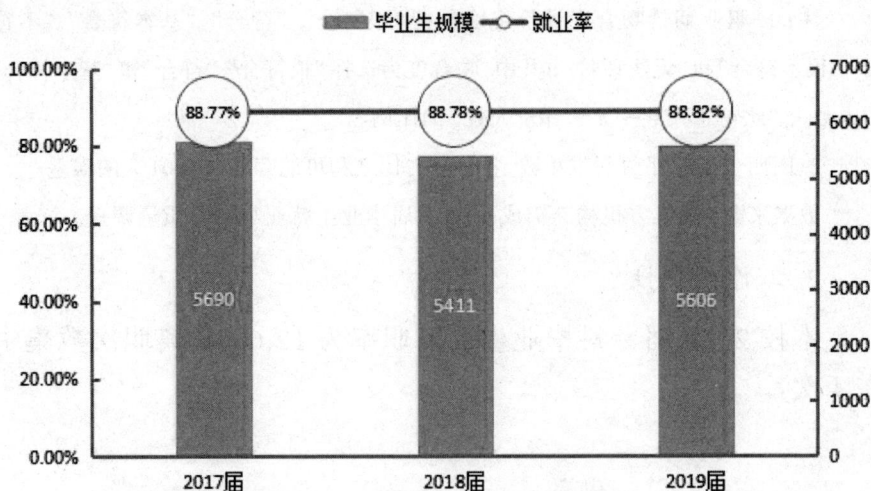

毕业生规模　就业率

88.77%　88.78%　88.82%

5690　5411　5606

2017届　2018届　2019届

图 8-28　2017—2019 届毕业生规模及就业率分布

数据来源：2017—2019 届数据来自新疆公共就业服务网。

二、近三年毕业去向变化趋势

"单位就业"为学校毕业生的主要毕业去向选择；近三届毕业生"单位就业"占比均在 68.00% 以上。可见毕业生就业岗位较为优质，职业发展空间较大；也表明学校近年来的就业工作取得一定的成果，为学校毕业生提供了高质量的就业平台。另外选择升学的毕业生人数也较多，近三届毕业生"升学"比例维持在 17.00% 以上，且呈现明显上升态势，可见毕业生"继续深造"意愿增强，想通过提高自身的知识水平和综合能力来增加未来在就业市场中的择业资本和竞争力。

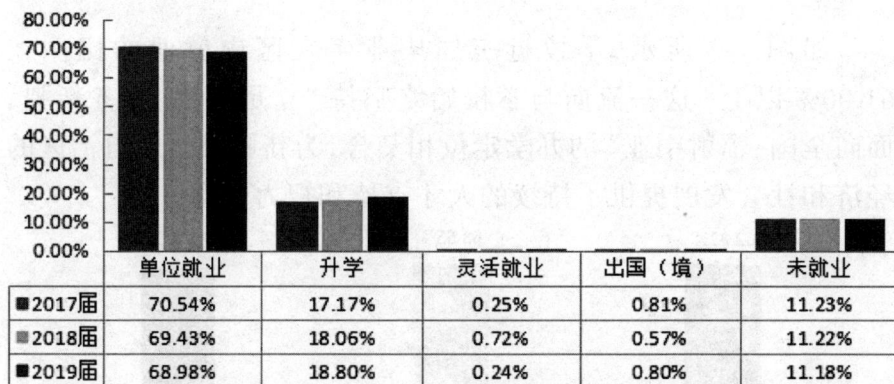

	单位就业	升学	灵活就业	出国（境）	未就业
■2017届	70.54%	17.17%	0.25%	0.81%	11.23%
■2018届	69.43%	18.06%	0.72%	0.57%	11.22%
■2019届	68.98%	18.80%	0.24%	0.80%	11.18%

图 8-29 2017—2019 届毕业生毕业去向趋势

注：单位就业包括协议就业、合同就业、国家基层项目、应征义务兵；灵活就业包括自由职业和自主创业。

数据来源：2017—2019 届数据来自新疆公共就业服务网。

三、近三年升学学校类型变化趋势

2017 届和 2018 届毕业生升学人数均为 977 人，2019 届毕业生升学人数为 1054 人。近三届升入"双一流"高校的毕业生逐渐上升。

表 8-21　2017—2019 届毕业生升学学校类型变化趋势

学校类型	2017 届		2018 届		2019 届	
	人数	比例	人数	比例	人数	比例
一流大学建设高校	171	17.50%	205	20.98%	213	20.21%
一流学科建设高校	579	59.26%	574	58.75%	625	59.30%
普通院校	197	20.16%	177	18.12%	199	18.88%
中科院等国内知名科研院所	30	3.07%	21	2.15%	17	1.61%

数据来源：2017—2019 届数据来自新疆公共就业服务网数据。

四、近三年就业地区变化趋势

如图 4-3 所示，学校近三届毕业生在区内就业的比例在 61.00% 以上；这一流向与学校始终坚持"立足兵团、服务新疆、面向全国、辐射中亚"的办学定位相契合，为新疆维吾尔自治区的经济和社会发展提供了持续的人才支持和智力支撑。

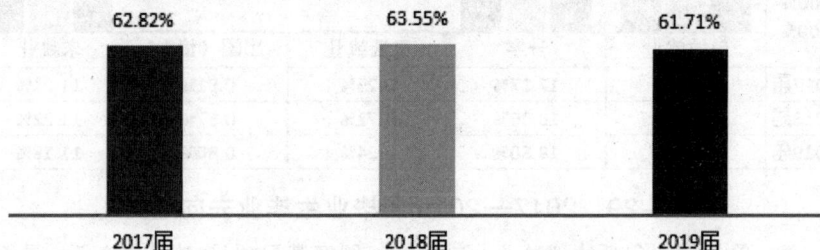

图 8-30　2017—2019 届毕业生区内就业变化趋势

数据来源：2017—2019 届数据来自新疆公共就业服务网。

五、近两年薪酬变化趋势

依托地方经济发展和学校人才培养质量的逐步提高，学校近两届毕业生整体月均收入水平呈现上升趋势；2019 届毕业生的月均收入较 2018 届同期上涨 1250.64 元，薪酬水平上浮 33.67%。

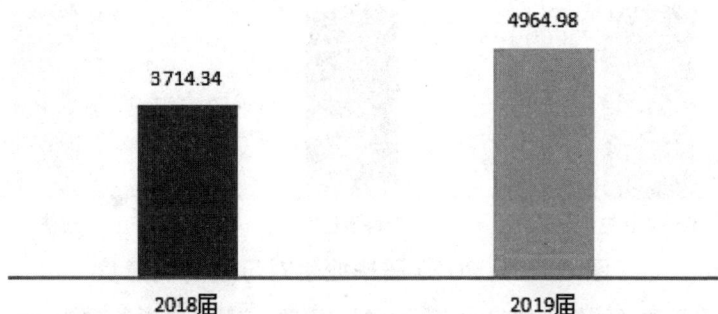

图 8-31　2018—2019 届毕业生月均收入变化情况（单位：元）

注：1.2018 届数据来自石河子大学与第三方展开"新疆维吾尔自治区 2018 届毕业生就业质量调研"。

2.2019 届数据来自第三方机构新锦成—2019 届毕业生就业与培养质量调查。

第五篇　毕业生调研评价

学生对母校的教育教学评价对学校专业结构的优化、培养方案的完善及课程设置的改进等具有重要的参考价值，因此调查了解毕业生对母校的满意度及推荐度，对所学课程的评价、任课教师的评价、母校学风建设的评价、课堂教学的评价、实践教学的评价及能力素质的评价。这些调查将为学校有关部门在教育教学改革、人才培养等方面提供数据支持。具体内容如下所示。

一、毕业生对人才培养评价

（一）母校整体评价

1. 母校满意度

98.61% 的毕业生对母校感到满意，整体满意度较高。其中，本科毕业生对母校的满意度达到 98.60%，专科毕业生对母校的满意度达到 98.75%。可见毕业生对母校人才培养过程及校风学风等方面均比较认同。

图 8-32　2019 届毕业生对母校的满意度

注：满意度评价维度包括"很满意""满意""基本满意""不满意""很不满意"和"无法评价"，满意度为选择"很满意""满意"和"基本满意"的人数占"此题总人数—无法评价人数"的比例。

数据来源：第三方机构新锦成—2019 届毕业生就业与培养质量调查。

2. 母校推荐度

2019 届毕业生整体上对母校的推荐度较高，68.56% 的毕业生愿意向他人推荐自己的母校；25.30% 的毕业生不确定是否向他人推荐母校；仅有 6.14% 的毕业生不愿意向他人推荐母校。其中，本科毕业生对母校的推荐度为 67.87%，专科毕业生对母校的推荐度为 86.42%。

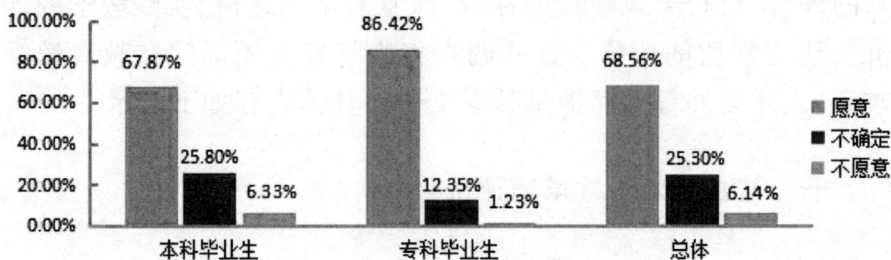

图 8-33　2019 届毕业生对母校的推荐度

注：1. 对母校推荐情况的指标维度包括"愿意""不确定""不愿意"。推荐度 ="愿意"占比。

2. 2018 届本科毕业生对母校推荐度全国水平为 63.28%，2018 届专科毕业生对母校推荐度全国水平为 62.58%。数据来源于北京新锦成数据科技有限公司进行的"全国 2018 届毕业生就业状况追踪调查"。

数据来源：第三方机构新锦成—2019 届毕业生就业与培养质量调查。

（二）教育教学评价

1. 对所学课程的评价

课程包括专业课和公共课,调查了解学生对于所学课程的掌握情况,以及课程对于他们工作的帮助情况,有助于学校更有针对性的改革教育教学。具体内容如下所示。

2019 届本科毕业生对所学课程的整体满意度为 90.28%;专科毕业生对所学课程的整体满意度为 95.23%。

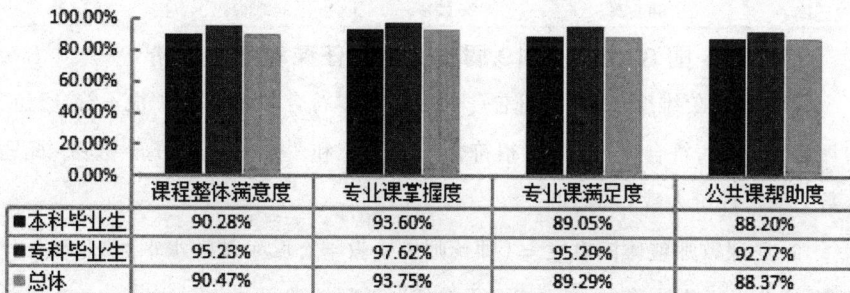

	课程整体满意度	专业课掌握度	专业课满足度	公共课帮助度
本科毕业生	90.28%	93.60%	89.05%	88.20%
专科毕业生	95.23%	97.62%	95.29%	92.77%
总体	90.47%	93.75%	89.29%	88.37%

图 8-34　2019 届毕业生对所学课程的评价

注:1. 评价维度包括"很符合""符合""基本符合""不符合""很不符合"和"无法评价";其中,掌握度/满足度/帮助度均为选择"很符合""符合"和"基本符合"的人数占"此题总人数—无法评价人数"的比例。该百分比越高,毕业生反映越符合,表示毕业生对所学课程越满意。

2. 课程整体满意度 =（专业课掌握度 + 专业课满足度 + 公共课帮助度）/3。

数据来源:第三方机构新锦成—2019 届毕业生就业与培养质量调查。

2. 对任课教师的评价

师资队伍既是教学的主体力量,又是办学的主要条件,也是确保人才培养质量最关键的因素。调查了解毕业生对母校任课教师在师德师风、教学态度和教学水平方面的评价,具体内容如下所示。

2019 届本科毕业生对学校任课教师的整体满意度为 94.82%;专科毕业生对任课教师的整体满意度为 95.38%。可见母校任课教师在师德师风、教学态度和教学水平方面均得到毕业生的普遍认可和高度评价。

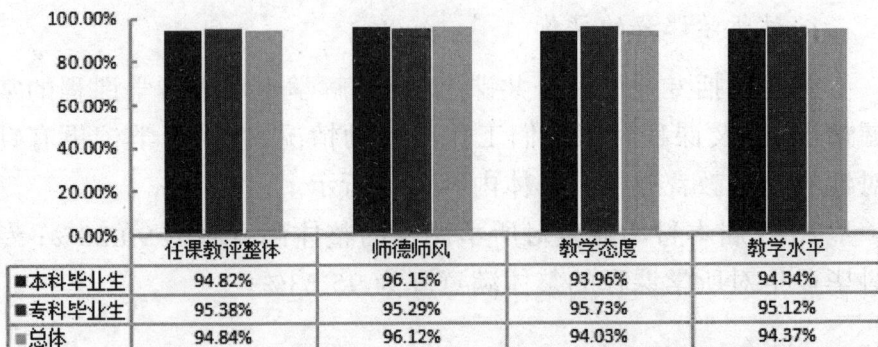

	任课教评整体	师德师风	教学态度	教学水平
■本科毕业生	94.82%	96.15%	93.96%	94.34%
■专科毕业生	95.38%	95.29%	95.73%	95.12%
□总体	94.84%	96.12%	94.03%	94.37%

图 8-35　2019 届毕业生对任课教师的评价

注：1. 评价维度包括"很符合""符合""基本符合""不符合""很不符合"和"无法评价"；其中，符合度为选择"很符合""符合"和"基本符合"的人数占"此题总人数—无法评价人数"的比例。

2. 任课教师整体满意度 =（师德师风 + 教学态度 + 教学水平）/3。该百分比越高，毕业生反映越符合，表示毕业生对任课教师越满意。

数据来源：第三方机构新锦成—2019 届毕业生就业与培养质量调查。

3. 对母校学风建设的评价

学风能体现一所学校的学习氛围，也代表着学校的精神风貌。调查了解毕业生对母校整体在课堂听讲、课后自习和学习交流方面的评价，具体内容如下所示。

2019 届本科毕业生对母校学风建设的整体满意度为 90.79%，专科毕业生对母校学风建设的整体满意度为 95.63%。

4. 对课堂教学的评价

课堂教学是培养专业人才的基本环节，是高校教学中的一个重要组成部分。

2019 届本科毕业生对课堂教学的整体满意度为 94.19%，专科毕业生对课堂教学的整体满意度为 95.37%。

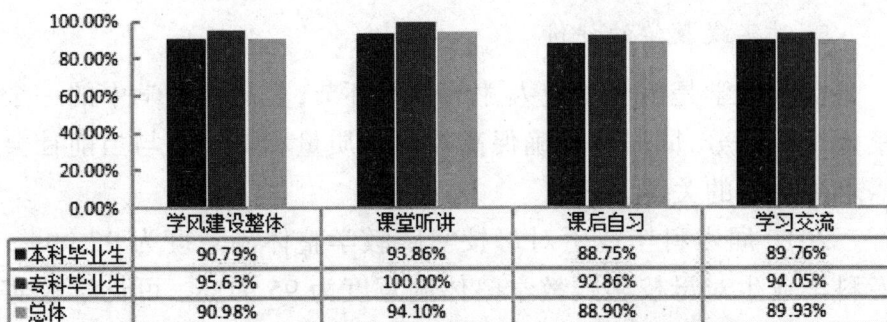

	学风建设整体	课堂听讲	课后自习	学习交流
■本科毕业生	90.79%	93.86%	88.75%	89.76%
■专科毕业生	95.63%	100.00%	92.86%	94.05%
□总体	90.98%	94.10%	88.90%	89.93%

图 8-36　2019 届毕业生对学风建设的评价

注：1. 评价维度包括"很符合""符合""基本符合""不符合""很不符合"和"无法评价"；其中，符合度为选择"很符合""符合"和"基本符合"的人数占"此题总人数—无法评价人数"的比例。

2. 学风建设整体满意度 =（课堂听讲 + 课后自习 + 学习交流）/3。该百分比越高，毕业生反映越符合，表示毕业生对母校学风建设越满意。

数据来源：第三方机构新锦成—2019 届毕业生就业与培养质量调查。

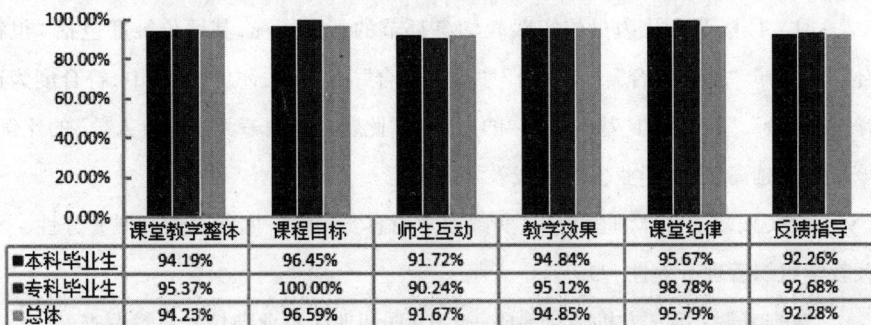

	课堂教学整体	课程目标	师生互动	教学效果	课堂纪律	反馈指导
■本科毕业生	94.19%	96.45%	91.72%	94.84%	95.67%	92.26%
■专科毕业生	95.37%	100.00%	90.24%	95.12%	98.78%	92.68%
□总体	94.23%	96.59%	91.67%	94.85%	95.79%	92.28%

图 8-37　2019 届毕业生对课堂教学各方面评价的分布

注：1. 毕业生对课程教学的评价，其评价维度包括"很符合""符合""基本符合""不符合""很不符合"和"无法评价"，其中，符合度为选择"很符合""符合"和"基本符合"的人数占"此题总人数—无法评价人数"的比例。该百分比越高，毕业生反映越符合，表示毕业生对课堂教学越满意。

2. 课堂教学整体满意度 =（课程目标 + 课堂纪律 + 师生互动 + 反馈指导 + 教学效果）/5。

数据来源：第三方机构新锦成—2019 届毕业生就业与培养质量调查。

5. 对实践教学的评价

实践教学是培养专业人才的基本环节,是高校教学中的一个重要组成部分,同时还是确保高校教学质量和毕业生与当前社会需求契合度的关键因素。

2019 届本科毕业生对母校实践教学整体满意度为 92.99%,专科毕业生对母校实践教学整体满意度为 95.91%。可见学校实践教学各方面均得到了毕业生的广泛认可。

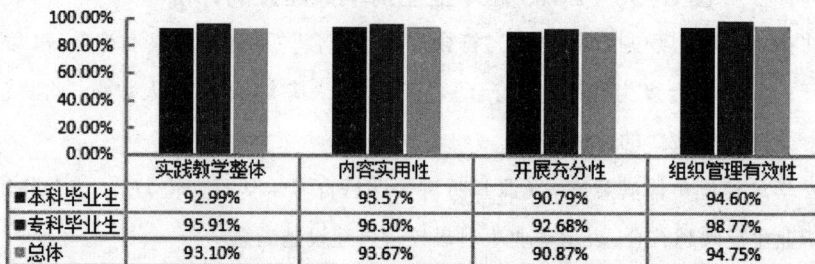

	实践教学整体	内容实用性	开展充分性	组织管理有效性
■本科毕业生	92.99%	93.57%	90.79%	94.60%
■专科毕业生	95.91%	96.30%	92.68%	98.77%
■总体	93.10%	93.67%	90.87%	94.75%

图 8-38　2019 届毕业生对实践教学的评价

注:1. 毕业生认为母校实践教学各环节的帮助情况,其评价维度包括"很符合""符合""基本符合""不符合""很不符合"和"无法评价"。其中,符合度为选择"很符合""符合"和"基本符合"的人数占"此题总人数—无法评价人数"的比例。该百分比越高,表示毕业生对实践教学越满意。

2. 实践教学整体满意度 =（实践教学内容实用性 + 实践教学开展充分性 + 实践教学组织管理有效性）/3。

数据来源:第三方机构新锦成—2019 届毕业生就业与培养质量调查。

（三）基础能力素质

学生作为人才培养效果的评价主体之一,其对各项就业基础能力素质和专业素质的评价对于了解学校人才培养质量也具有一定的参考意义。因此,此次调查内容包含了毕业生对自身各项能力水平的重要度、水平及其满足目前工作需求程度的评价。具体内容如下所示。

对基础能力素质的评价:对于目前工作需求而言,学校 2019

届本科毕业生认为重要性排名前十位的基础能力素质依次为：逻辑思维、表达能力、善于观察、创新思维、团队意识、记忆能力、主动学习、善于倾听、阅读理解和情绪调节；而自身这十项基础能力素质的水平均在 3.20 分以上（5 分制）；其中"团队意识"和"阅读理解"的水平相对较高，均值分别为 4.07 分（5 分制）和 3.73 分（5 分制）。

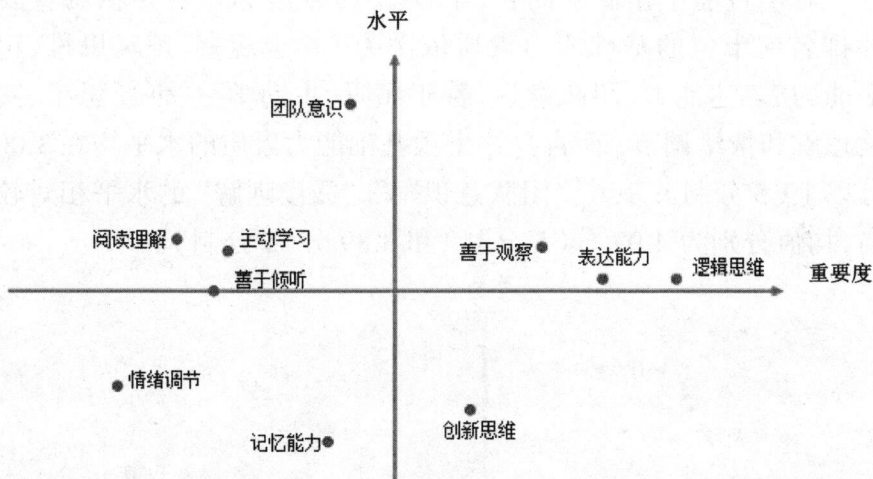

图 8-39 2019 届本科毕业生认为重要性占比排名前十位的基础能力及其水平

注：坐标轴交点为（0.40，3.60）。

数据来源：第三方机构新锦成—2019 届毕业生就业与培养质量调查。

表 8-22 2019 届本科毕业生认为重要性占比排名前十位的基础能力及其水平

基础能力	重要度	水平
逻辑思维	61.64%	3.63
表达能力	55.94%	3.63
善于观察	51.28%	3.71
创新思维	45.78%	3.30
团队意识	36.54%	4.07
记忆能力	34.77%	3.22
主动学习	27.01%	3.70

基础能力	重要度	水平
善于倾听	25.93%	3.60
阅读理解	23.08%	3.73
情绪调节	18.47%	3.36

对于目前工作需求而言,学校 2019 届专科毕业生认为重要性排名前十位的基础能力素质依次为:善于观察、逻辑思维、记忆能力、表达能力、团队意识、善于倾听、主动学习、创新思维、阅读理解和情绪调节;而自身这十项基础能力素质的水平均在 3.00 分以上(5 分制);其中"团队意识"和"阅读理解"的水平相对较高,均值分别为 4.07 分(5 分制)和 3.89 分(5 分制)。

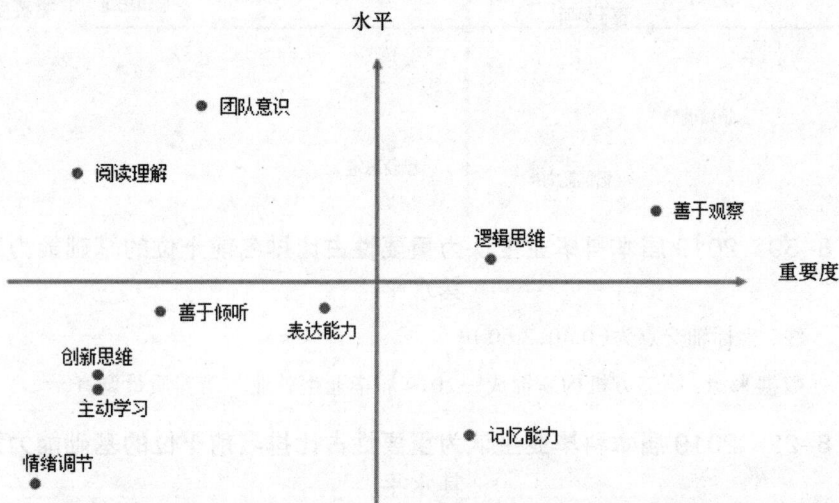

图 8-40　2019 届专科毕业生认为基础能力重要性占比排名前十位的水平分布

注:坐标轴交点为(0.43,3.60)。

数据来源:第三方机构新锦成—2019 届毕业生就业与培养质量调查。

表 8-23　2019 届专科毕业生认为基础能力重要性占比排名前十位的水平分布

基础能力	重要度	水平
善于观察	60.26%	3.79

续表

基础能力	重要度	水平
逻辑思维	50.00%	3.66
记忆能力	48.72%	3.19
表达能力	39.74%	3.53
团队意识	32.05%	4.07
善于倾听	29.49%	3.52
主动学习	25.64%	3.31
创新思维	25.64%	3.35
阅读理解	24.36%	3.89
情绪调节	21.79%	3.06

二、毕业生对就业教育/服务评价

学校 2019 届毕业生对学校各项就业教育/服务的满意度均在 89.00% 以上；其中满意度最高的三方面是"学校发布的招聘信息""就业手续办理"和"校园招聘会/宣讲会"。一方面表明学校就业指导服务工作得到了毕业生的认可；另一方面也体现了学校就业工作在促进毕业生顺利就业、高质量就业中所发挥的重要作用。

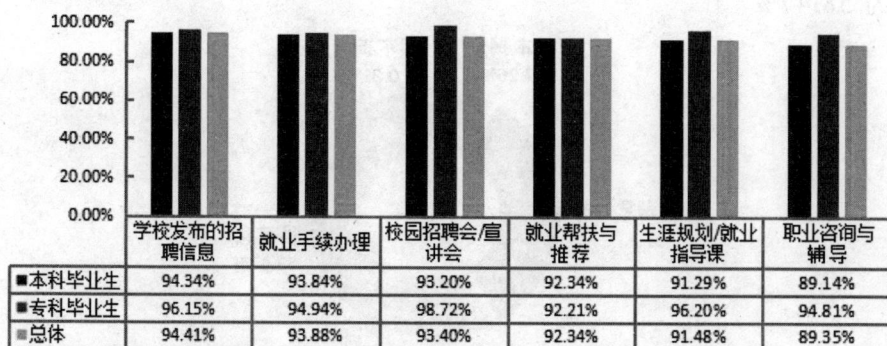

	学校发布的招聘信息	就业手续办理	校园招聘会/宣讲会	就业帮扶与推荐	生涯规划/就业指导课	职业咨询与辅导
本科毕业生	94.34%	93.84%	93.20%	92.34%	91.29%	89.14%
专科毕业生	96.15%	94.94%	98.72%	92.21%	96.20%	94.81%
总体	94.41%	93.88%	93.40%	92.34%	91.48%	89.35%

图 8-41　2019 届毕业生对学校就业教育/服务的评价

注：满意度为选择"很满意""满意"和"基本满意"的人数占此题总人数的比例。

数据来源：第三方机构新锦成—2019 届毕业生就业与培养质量调查。

第六篇 用人单位调研评价

将学校毕业生质量测量主体放到用人单位身上,能够比较真实地反映毕业生的质量,进而更加全面地反映学校人才培养过程中存在的问题。因此,建立毕业生质量外部测评体系,对于学校人才培养模式的改进和完善具有积极意义。

一、用人单位招聘情况

调研对象:2019年来石河子大学招聘的用人单位。

招聘人数:参与调研的用人单位有253家,平均每家招聘学校15人毕业生。

招聘薪资待遇:用人单位招聘学校毕业生平均薪酬为5149.51元/月。

二、对毕业生评价

用人单位对毕业生满意度:99.19%的用人单位对学校毕业生的工作表现感到满意,其中评价为"很满意"的占比相对较高,为58.47%。

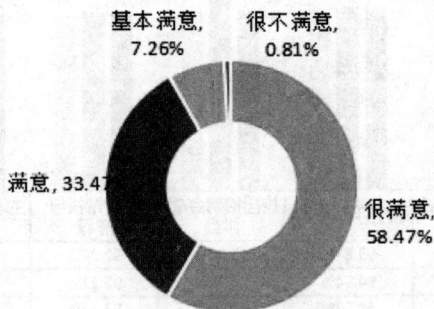

基本满意,7.26%　很不满意,0.81%　满意,33.47　很满意,58.47%

图 8-42　用人单位对 2019 届毕业生的满意度

数据来源:第三方机构新锦成—2019届毕业生用人单位调查。

用人单位对毕业生政治素养满意度：98.38%的用人单位对学校毕业生的政治素养感到满意，其中评价为"很满意"的占比相对较高，为58.30%。

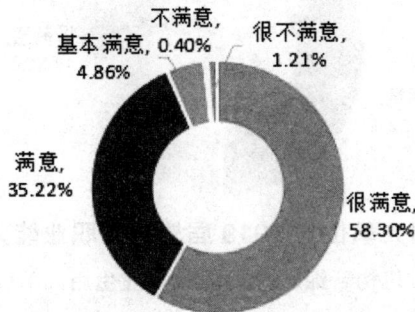

图8-43　用人单位对2019届毕业生政治素养的满意度

数据来源：第三方机构新锦成—2019届毕业生用人单位调查。

用人单位对毕业生专业水平满意度：97.17%的用人单位对学校毕业生的专业水平感到满意，其中评价为"很满意"的占比相对较高，为55.06%。

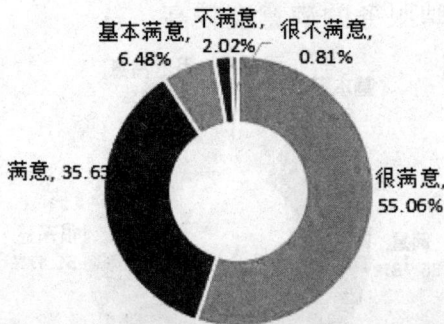

图8-44　用人单位对2019届毕业生专业水平的满意度

数据来源：第三方机构新锦成—2019届毕业生用人单位调查。

用人单位对毕业生职业能力满意度：97.98%的用人单位对学校毕业生的职业能力感到满意，其中评价为"很满意"的占比相对较高，为49.80%。

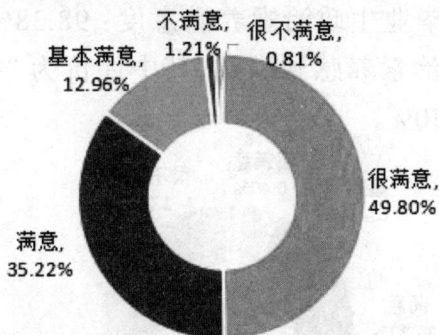

图 8-45 用人单位对 2019 届毕业生职业能力的满意度

数据来源：第三方机构新锦成—2019 届毕业生用人单位调查。

三、对学校招聘服务评价

对招聘服务的满意度：用人单位对本校招聘服务的满意度为 98.76%；其中 55.37% 的用人单位对学校招聘服务表示"很满意"，36.78% 的用人单位对学院招聘服务表示"满意"。可见，用人单位对本校招聘服务的满意度较高。

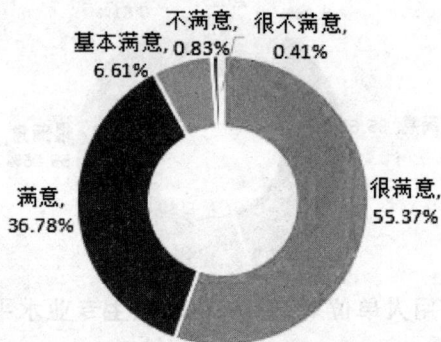

图 8-46 用人单位对学校招聘服务的满意度

注：满意度为选择"很满意""满意"和"基本满意"的人数占此题总人数的比例。

数据来源：第三方机构新锦成—2019 届毕业生用人单位调查。

对招聘服务的建议：用人单位认为学校应在"加强校企沟通"（50.21%）、"增加招聘场次"（30.80%）和"拓宽服务项目"（18.57%）这三个方面来加强就业工作。

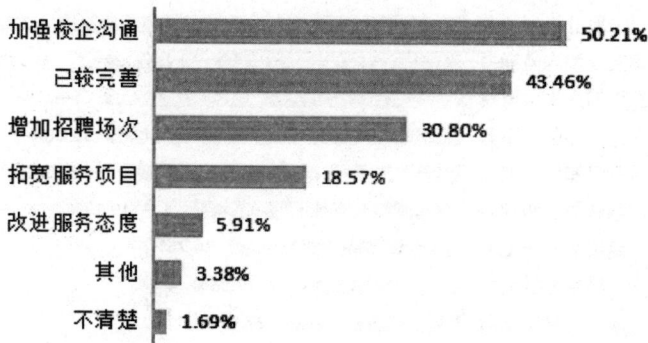

图 8-47　用人单位对学校招聘服务工作的建议

注：此题为多选题，故各选项占比之和不等于 100.00%。

数据来源：第三方机构新锦成—2019 届毕业生用人单位调查。

对人才培养工作的满意度：用人单位对人才培养工作的满意度为 99.60%；其中 48.40% 的用人单位对人才培养工作表示"很满意"。

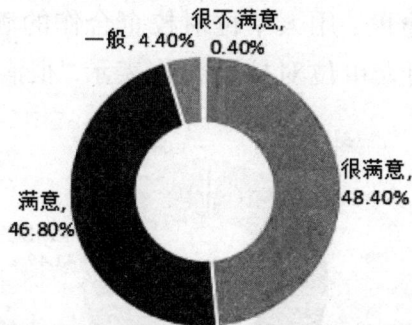

图 8-48　用人单位对人才培养工作的满意度

注：满意度为选择"很满意""满意"和"基本满意"的人数占此题总人数的比例。

数据来源：第三方机构新锦成—2019 届毕业生用人单位调查。

对学校人才培养工作的建议：用人单位普遍认为学校应在"职业规划能力"（62.92%）、"人际交往和沟通能力"（60.83%）和"正确的人生价值观"（55.42%）这三个方面来加强人才培养工作。

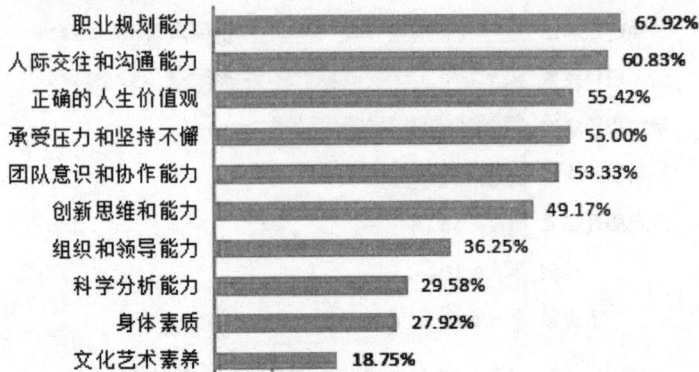

职业规划能力 62.92%
人际交往和沟通能力 60.83%
正确的人生价值观 55.42%
承受压力和坚持不懈 55.00%
团队意识和协作能力 53.33%
创新思维和能力 49.17%
组织和领导能力 36.25%
科学分析能力 29.58%
身体素质 27.92%
文化艺术素养 18.75%

图 8-49　用人单位对人才培养工作的建议

注：此题为多选题，故各选项占比之和不等于100.00%。

数据来源：第三方机构新锦成—2019届毕业生用人单位调查。

四、校企合作情况

校企合作满意度：用人单位对校企合作的满意度为98.94%；其中41.49%的用人单位对校企合作表示"很满意"。

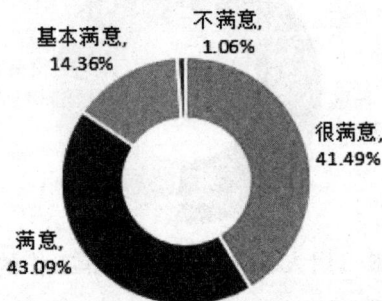

基本满意，14.36%
不满意，1.06%
很满意，41.49%
满意，43.09%

图 8-50　用人单位对校企合作的满意度

注：满意度为选择"很满意""满意"和"基本满意"的人数占此题总人数的比例。

数据来源：第三方机构新锦成—2019届毕业生用人单位调查。

希望开展的校企合作形式：用人单位希望开展校企合作的形式是"联合培养人才"（50.47%）、"搭建校企合作平台"（26.42%）和"共建校外实习基地"（10.38%）。

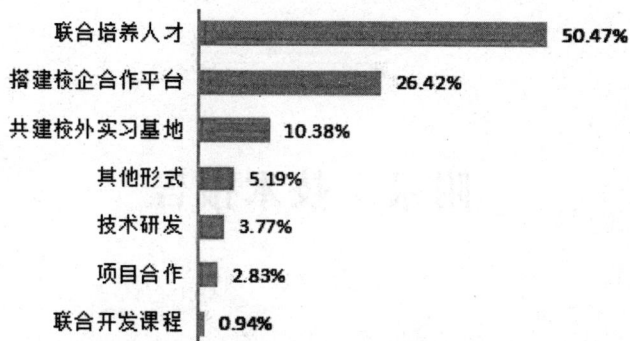

图 8-51 用人单位希望开展校企合作的形式

注：此题为多选题，故各选项占比之和不等于 100.00%。

数据来源：第三方机构新锦成—2019 届毕业生用人单位调查。

附录 技术报告

一、毕业生调研情况

（一）调研目的

"人才培养质量"是反映高等教育质量与水平的核心命题，为了全面、客观、公正地评价本校人才培养质量，加强学校人才培养与社会需求的紧密衔接，提升毕业生的就业竞争力和就业质量；石河子大学委托北京新锦成数据科技有限公司（以下简称"新锦成公司"）对2019届毕业生进行第三方调查和评估。此次调查的目的主要有以下几点：

1. 了解2019届毕业生就业状况及就业能力水平；

2. 了解2019届毕业生对母校人才培养环节的评价；

3. 了解2019届毕业生对母校的满意度和推荐度；

4. 通过了解分析毕业生就业状况、就业质量以及毕业生对学校的评价，从而为学校人才培养和就业工作情况提供反馈，进而为学校调整专业结构、优化人才培养、推进学校就业指导服务工作，更好地实现大学生成功就业提供科学依据和建议。

（二）调研方案

1. 调研对象

石河子大学2019届毕业生：参与调研的本科毕业生覆盖了17个学院，分别为经济与管理学院、医学院、文学艺术学院、机械电气工程学院、师范学院、水利建筑工程学院、农学院、政法学院、化学化工学院、信息科学与技术学院、药学院、动物科技学院、食品学院、外国语学院、理学院、生命科学学院和体育学院。专科毕业生覆盖了 1 个学院，为高等职业技术学院。

2. 调研方法

采用问卷调查的方式进行调研。在问卷设计基础上，新锦成公司研究人员开发了在线调研系统。通过在线调研系统向石河子大学 2019 届毕业生发送答题邀请邮件，邀请毕业生填答问卷，通过邮件来回收问卷。同时，高校还可通过答题监测系统及时、有效地跟踪调查进度，调研实施过程清晰、直观、客观。

3. 调研内容

附表 1-1　石河子大学 2019 届毕业生就业质量年度报告调研内容

一级指标	二级指标	三级指标
就业基本情况	未就业情况	未就业原因
		未就业毕业生关注因素
		未就业毕业生就业困难
	"慢就业"情况	对"慢就业"的看法
		选择"慢就业"的原因
	就业行业	就业行业
	升学原因	升学原因
	出国（境）原因	出国（境）原因
	创业行业	创业行业
就业质量	薪酬	薪酬水平
	专业匹配度	专业匹配度水平
	职业期待吻合度	职业期待吻合度
	工作满意度	对工作整体的满意度
		对薪酬的满意度
		对工作内容的满意度
		对职业发展前景的满意度

续表

一级指标	二级指标	三级指标
人才培养	发展成长度	职业期待吻合度
		工作稳定性
	对母校整体评价	母校满意度
		母校推荐度
	对教育教学评价	对所学课程的评价
		对任课教师的评价
		对母校学风建设的评价
		对课堂教学的评价
		对实践教学的评价
	对基础能力素质评价	对基础能力素质的评价
	对就业教育/服务评价	对就业教育/服务的评价

（三）调研样本

石河子大学 2019 届毕业生共 5606 人，本科毕业生 5201 人，专科毕业生 405 人。本次调查从 2019 年 11 月 11 日开始，持续到 2019 年 12 月 2 日结束，共收到有效问卷 2693 份，其中本科毕业生 2558 份，回收率（答卷总人数/毕业生人数）为 49.18%；专科毕业生 135 份，回收率（答卷总人数/毕业生人数）为 33.33%。样本具体分布详见下表。

附表 1-2　2019 届毕业生及有效样本的分布情况

学历	学院	专业	毕业生人数	答卷总人数	回收率
本科	经济与管理学院	农林经济管理	40	21	52.50%
		工商管理	35	18	51.43%
		经济学	37	19	51.35%
		审计学	64	32	50.00%
		物流管理	82	40	48.78%

学历	学院	专业	毕业生人数	答卷总人数	回收率
本科	经济与管理学院	经济统计学	37	18	48.65%
		国际经济与贸易	31	15	48.39%
		市场营销	17	8	47.06%
		会计学	107	45	42.06%
		电子商务	60	23	38.33%
		人力资源管理	45	17	37.78%
		财务管理	98	35	35.71%
		金融学	62	20	32.26%
	医学院	预防医学	62	41	66.13%
		护理学	129	60	46.51%
		口腔医学	69	32	46.38%
		临床医学	333	150	45.05%
		医学检验技术	34	15	44.12%
	文学艺术学院	美术学	58	35	60.34%
		中国少数民族语言文学	73	34	46.58%
		汉语言文学	53	23	43.40%
		广播电视学	30	13	43.33%
		视觉传达设计	63	27	42.86%
		汉语言	97	33	34.02%
		音乐学	51	11	21.57%
	机械电气工程学院	机械设计制造及其自动化	137	94	68.61%
		工业工程	61	38	62.30%
		农业机械化及其自动化	68	40	58.82%
		电气工程及其自动化	140	75	53.57%
	师范学院	化学	35	27	77.14%
		地理科学	37	27	72.97%

学历	学院	专业	毕业生人数	答卷总人数	回收率
本科	师范学院	数学与应用数学	58	40	68.97%
		物理学	36	22	61.11%
		应用心理学	64	36	56.25%
		英语	31	17	54.84%
		学前教育	36	17	47.22%
		汉语言文学	35	13	37.14%
		科学教育	24	7	29.17%
	水利建筑工程学院	水利水电工程	70	54	77.14%
		给排水科学与工程	68	46	67.65%
		土木工程	129	82	63.57%
		农业水利工程	67	37	55.22%
		建筑学	9	2	22.22%
	农学院	种子科学与工程	23	11	47.83%
		设施农业科学与工程	28	12	42.86%
		植物保护	52	22	42.31%
		农学	66	25	37.88%
		农业资源与环境	65	24	36.92%
		园艺	38	14	36.84%
		林学	28	10	35.71%
		园林	32	6	18.75%
	政法学院	政治学与行政学	78	50	64.10%
		法学	97	52	53.61%
		公共事业管理	29	15	51.72%
		历史学	63	31	49.21%
		旅游管理	30	14	46.67%
		社会工作	34	10	29.41%

学历	学院	专业	毕业生人数	答卷总人数	回收率
本科	化学化工学院	材料科学与工程	69	37	53.62%
		应用化学	67	33	49.25%
		化学工程与工艺	95	46	48.42%
		环境工程	60	18	30.00%
	信息科学与技术学院	信息管理与信息系统	87	53	60.92%
		电子信息工程	61	36	59.02%
		软件工程	32	15	46.88%
		计算机科学与技术	97	39	40.21%
	药学院	中药学	79	36	45.57%
		药学	140	53	37.86%
	动物科技学院	动物医学	95	35	36.84%
		动物科学	79	28	35.44%
	食品学院	食品质量与安全	102	47	46.08%
		食品科学与工程	60	24	40.00%
	外国语学院	英语	59	41	69.49%
		俄语	72	40	55.56%
		阿拉伯语	27	15	55.56%
	理学院	人文地理与城乡规划	29	15	51.72%
		应用物理学	33	16	48.48%
		土地资源管理	64	28	43.75%
		信息与计算科学	25	9	36.00%
	生命科学学院	生物科学	84	60	71.43%
		生物技术	56	36	64.29%
	体育学院	体育教育	62	29	46.77%
		运动训练	32	14	43.75%
	本科毕业生总计		5201	2558	49.18%

学历	学院	专业	毕业生人数	答卷总人数	回收率
专科	高等职业技术学院	临床医学	50	30	60.00%
		药学	40	18	45.00%
		体育教育	40	14	35.00%
		旅游管理	44	15	34.09%
		护理	231	58	25.11%
专科毕业生总计			405	135	33.33%
合计			5606	2693	48.04%

二、用人单位调研

（一）调研背景及目的

"人才培养质量"是反映高等教育质量与水平的核心命题，了解当前用人单位对毕业生培养质量的评价对制定高校人才培养策略具有重要的参考价值；同时，构建毕业生人才培养质量的外部测评体系有利于促进高校准确评估高等教育服务质量，促使高校更加密切关注社会需求的变化、关注人才市场供需关系的动态、培养出符合社会期望的学生，从而提高高校办学水平。因此，石河子大学委托新锦成公司对用人单位展开了第三方调查。此次调查的目的体现在以下几点：

1. 了解用人单位对学校毕业生工作表现的整体满意度、能力素质评价等；

2. 了解用人单位对学校就业服务工作和人才培养工作的评价及建议；

3. 了解用人单位对校企合作的满意度及希望开展的校企合作形式。

（二）调研方法及内容

北京新锦成数据科技有限公司设计与开发了相应的调查问卷和在线调研系统，通过在线调研系统向用人单位招聘邮箱发送答题邀请邮件发放调研问卷，邀请用人单位填答问卷。调查内容包括单位基本信息、对毕业生的评价、对学校就业服务工作的评价以及用人单位的招聘关注因素等方面。

（三）调研样本

调研开始于 2019 年 11 月 11 日，结束于 2019 年 12 月 2 日，共回收有效问卷 253 份，具体分布如下。

用人单位性质及规模：用人单位主要分布在"民营企业／个体"（46.12%），其次为国有企业（31.51%）。单位规模主要分布在中型企业（30.06%）。

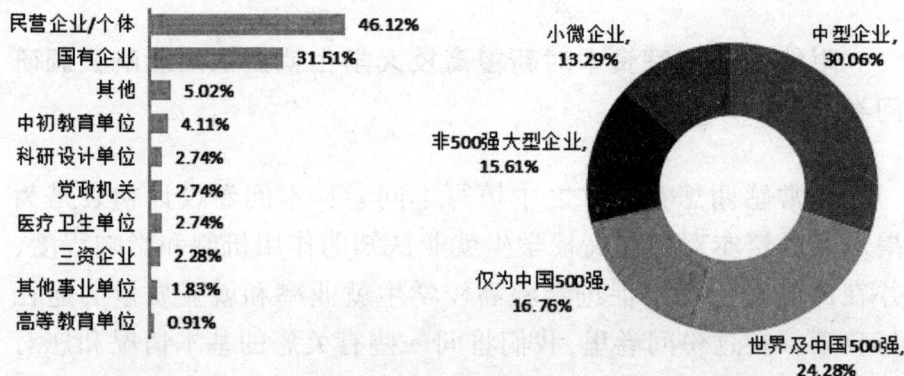

附图 1-1 用人单位的单位性质（左图）及规模（右图）分布

数据来源：第三方机构新锦成—2019 届毕业生用人单位调查。

用人单位所在行业分布：用人单位主要分布在"制造业"（16.36%），其次为"建筑业"（15.45%）和"农、林、牧、渔业"（13.64%）。

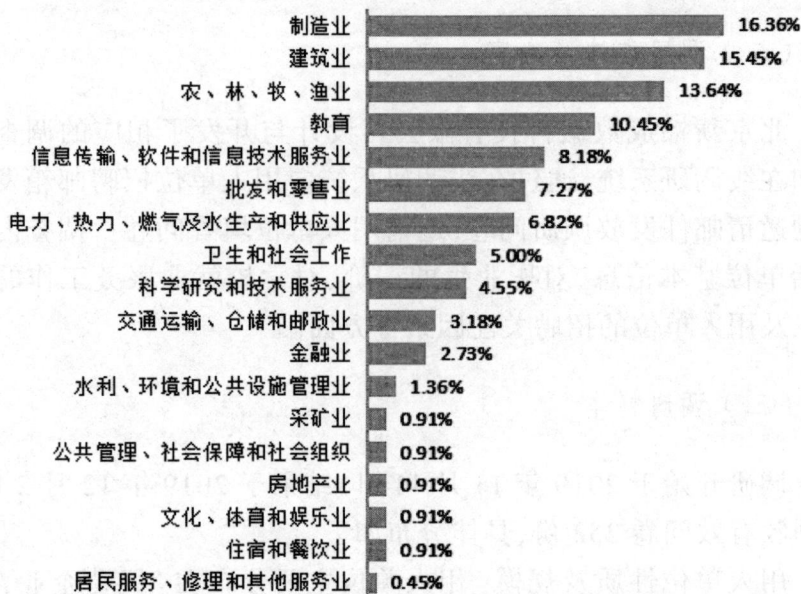

附图1-2　用人单位所在的行业分布

数据来源：第三方机构新锦成—2019届毕业生用人单位调查。

附件1：《家庭资本对新疆高校大学生就业认知影响》调研问卷

　　非常感谢您在百忙之中填写本问卷！本问卷设计初衷是为揭示家庭资本对新疆高校学生就业认知的作用机制和影响程度，并在此基础上提出促进新疆高校学生就业率和就业质量的途径与政策。在这份问卷里，我们将问一些有关您的基本情况和您对就业择业的看法，除特殊说明外，以下问题全是单选，并在需要填写的横线上写上相关内容，在回答过程中，如果您还有其他问题，请随时告诉我们。

　　本问卷的完成需要您的积极配合，问卷为匿名填写，仅供学术研究使用，回答所涉及的所有信息和数据将按照国家有关法律规定严格保密管理，请您按真实情况回答。如果对某个问题的选项没有把握时，请尽量选择一个您认为合适的答案。

填写本问卷约用时 10 分钟，谢谢您的合作！

课题组

第一部分　个人及家庭资料

1. 您的性别 [单选题][必答题]

　○ 男　　　○ 女

2. 您的族别是＿＿＿＿＿＿＿＿＿[必答题]

3. 您高考时户籍所在的省份是＿＿＿＿＿＿＿＿＿ [必答题]

4. 您来上大学前生活在 [单选题][必答题]

　○ 直辖市　○ 省会城市和计划单列市　○ 地级市

　○ 县城或县级市　○ 乡镇　○ 农村或连队

5. 您上大学前的户口性质是 [单选题][必答题]

　　○ 农业户口　○ 城市户口

6. 您就读的高校名称＿＿＿＿＿＿＿＿＿＿＿＿＿＿[必答题]

7. 您的学历层次是 [单选题][必答题]

　○ 大专　○ 本科　○ 研究生

8. 您现在就读的年级＿＿＿＿＿＿＿＿＿＿＿＿＿＿[必答题]

9. 您所学的学科类别及专业＿＿＿＿＿＿＿＿＿[必答题]

10. 您是否是独生子女 [单选题][必答题]

　○ 是　　○ 不是

11. 在校期间您是否申请过国家助学贷款 [单选题][必答题]

　○ 有　○ 没有

12. 您的家庭人均月收入 [单选题][必答题]

　○ 1200 元及以下　　○ 1201—3000 元　○ 3001—5000 元

　○ 5001—8000 元　○ 8000 元以上

13. 您家的住房是 [单选题][必答题]

　○ 商品房　○ 自建房　○ 廉租房　○ 无住房

14. 您父亲的受教育程度 [单选题] [必答题]

○ 未受过正式教育　○ 小学　○ 初中　○ 高中 (或中专)

○ 大专　○ 本科　○ 研究生及以上

15. 您母亲的受教育程度 [单选题] [必答题]

○ 未受过正式教育　○ 小学　○ 初中　○ 高中 (或中专)

○ 大专　○ 本科　○ 研究生及以上

16. 您父亲的政治面貌 [单选题] [必答题]

○ 中共党员　○ 民主党派　○ 群众

17. 您母亲的政治面貌 [单选题] [必答题]

○ 中共党员　○ 民主党派　○ 群众

18. 您父亲现在的工作单位 [单选题] [必答题]

○ 党政机关　○ 事业单位　○ 国有企业

○ 三资企业 (中外合资、中外合作、外商独资)

○ 民营经营　○ 个体经营　○ 部队

○ 农 (林、牧、渔) 民　○ 离退休　○ 无业或失业

19. 母亲现在的工作单位 [单选题] [必答题]

○ 党政机关　○ 事业单位　○ 国有企业

○ 三资企业 (中外合资、中外合作、外商独资)

○ 民营企业　○ 个体经营　○ 部队

○ 农 (林、牧、渔) 民　○ 离退休　○ 无业或失业

20. 您父亲的职务 [单选题] [必答题]

○ 高层管理人员　○ 普通管理人员　○ 技术人员

○ 普通工人　○ 个体经营者　○ 农 (牧、渔) 民

○ 其他 _____

21. 您母亲的职务 [单选题] [必答题]

○ 高层管理人员　○ 普通管理人员　○ 技术人员

○ 普通工人　○ 个体经营者　○ 农 (牧、渔) 民

○ 其他 _____

22. 您觉得您家庭的社会地位大概属于哪个阶层 [单选题] [必答题]

　　○ 社会上层　　○ 社会中上层　　○ 社会中层

　　○ 社会中下层　　○ 社会下层

23. 父母亲戚朋友中哪种职业类型的人最多 [单选题] [必答题]

　　○ 农(牧、渔)民　　○ 普通工人(职员)　　○ 商业服务人员

　　○ 机关干部　　○ 企业管理人员　　○ 教师、科研、医疗卫生人员

　　○ 其他 _____

24. 您认为对您找工作可能会有帮助的人共有多少 [单选题] [必答题]

　　○ 0人　　○ 1—2人　　○ 3—4人　　○ 5—6人

　　○ 7—8人　　○ 9—10人　　○ 10人以上

25. 对您找工作可能最有帮助的人是您的 [单选题] [必答题]

　　○ 父母　　○ 亲戚　　○ 父母的朋友　　○ 亲戚的朋友

　　○ 熟人　　○ 老师　　○ 同学和朋友　　○ 其他 _____

26. 可能对您找工作最有帮助的人的行政级别是 [单选题] [必答题]

　　○ 无级别　　○ 科级　　○ 处级

　　○ 厅级　　○ 部级及以上

第二部分　就业自我认知和职业生涯规划认知

27. 您对自己择业信心如何 [单选题] [必答题]

　　○ 充满信心　　○ 信心一般　　○ 信心不足　　○ 没有信心

28. 您个人的主要就业目的是 [单选题] [必答题]

　　○ 为使自身价值得到社会承认　　○ 为获得较高经济收益(挣钱养家)

　　○ 充分发挥自身的兴趣爱好　　○ 为成名成家或提高社会地位

　　○ 其他 _____

29. 您认为下列因素对就业的影响程度是 [矩阵量表题] [必答题]

	非常重要	比较重要	一般	不太重要	根本不重要
学校品牌	○	○	○	○	○
所学专业	○	○	○	○	○
学业成绩	○	○	○	○	○
个人能力	○	○	○	○	○
择业技巧	○	○	○	○	○
家庭背景和社会关系	○	○	○	○	○
送礼买人情	○	○	○	○	○
机遇	○	○	○	○	○

30. 您认为在就业过程中,用人单位对下列因素的重视程度是 [矩阵量表题] [必答题]

	非常重要	比较重要	一般	不太重要	根本不重要
学校名气	○	○	○	○	○
学历层次	○	○	○	○	○
专业及方向	○	○	○	○	○
个人综合素质	○	○	○	○	○
学业成绩	○	○	○	○	○
英语、计算机水平	○	○	○	○	○
社会实践能力	○	○	○	○	○
是否党员或学生干部	○	○	○	○	○
个人发展潜力	○	○	○	○	○
个人形象	○	○	○	○	○

31. 您在校期间是否有兼职经历 [单选题] [必答题]
○ 是　○ 否

32. 您目前是否考取过专业相关的资格证书 [单选题] [必答题]

　　○ 是　○ 否

33. 您所学专业是否与您的兴趣爱好是否一致 [单选题] [必答题]

　　○ 非常一致　○ 基本一致　○ 不一致　○ 根本不一致

34. 您对自己所学专业是否满意 [单选题] [必答题]

　　○ 非常满意　○ 基本满意　○ 一般

　　○ 不满意　○ 根本不满意

35. 您是否打算找份与自己专业对口的工作 [单选题][必答题]

　　○ 是　○ 不确定　○ 不是　○ 没考虑

36. 您是如何看待职业规划 [单选题] [必答题]

　　○ 可以相信　○ 不相信　○ 不了解, 先观望再说

37. 您对自己大学期间的学习、生活是否做过生涯规划 [单选题] [必答题]

　　○ 有明确规划　○ 有大致规划　○ 无规划

38. 您认为生涯规划对于现在上学的学生是否重要 [单选题] [必答题]

　　○ 重要　○ 不重要　○ 不知道

39. 您对自己毕业后的职业生涯是否做过规划：[单选题] [必答题]

　　○ 有明确规划　○ 有大致规划　○ 无规划

40. 您是否清楚自己的职业发展方向 [单选题] [必答题]

　　○ 清楚　○ 不太清楚　○ 不清楚　○ 没考虑

41. 您所在的学校是否开设了职业生涯规划课程 [单选题] [必答题]

　　○ 是　○ 否

42. 您是否了解职业生涯规划的相关内容 [单选题] [必答题]

　　○ 很了解　○ 了解一点　○ 不了解　○ 没听过

43. 您是从哪里了解过职业生涯规划相关内容的 [单选题] [必答题]

　　○ 朋友　○ 家人　○ 老师　○ 其他　○ 没听过

44. 您认为在职业规划中最关键的依据是 [单选题] [必答题]

　　○ 兴趣　○ 能力、特长　○ 热门职业　○ 专业

　　○ 其他 _____

45. 您对自己的兴趣、性格和特长是否了解 [单选题] [必答题]

　　○ 了解　○ 不太了解　○ 不了解

46. 您是否了解自己适合发展的职业方向 [单选题] [必答题]

　　○ 了解　○ 不太了解　○ 不了解

第三部分　就业目标和就业形势认知

47. 您择业时比较倾向的单位性质是：[单选题] [必答题]

　　○ 党政机关　○ 事业单位　○ 国有企业

　　○ 民营企业　○ 三资企业(中外合资、中外合作、外商独资)

　　○ 部队　○ 其他 _____

48. 您择业时比较倾向的就业地域是 [单选题] [必答题]

　　○ 国(境)外　○ 沿海开放城市　○ 疆外省会城市

　　○ 疆外中小城市　○ 北疆地区　○ 南疆地区

　　○ 家乡所在县市　○ 其他 _____

49. 您选择就业地域时主要考虑的因素是 [多选题] [必答题]

　　□ 自然环境好　□ 交通发达,基础设施完善

　　□ 国家建设需要　□ 人才政策吸引力大

　　□ 生活成本低(物价、房价等)　□ 就业机会多

　　□ 个人发展空间大　□ 距离家乡近,社会人际资源多

　　□ 其他 _____

50. 您是否打算毕业后回家乡所在省份就业 [单选题] [必答题]

　　○ 是　○ 否

51. 求职时,您对最期待的月薪(试用期后的税后工资)大概是 [单选题] [必答题]

○ 2000 元及以下　○ 2001—3000 元　○ 3001—5000 元

○ 5001—8000 元　○ 800 元 0 以上

52. 您毕业时是否有继续深造的意愿 [单选题] [必答题]

○ 是　○ 否

53. 您主要通过下列哪种途径来求职 [单选题] [必答题]

○ 学校的介绍和推荐　○ 亲朋好友的介绍

○ 参加学校举办的招聘会　○ 参加政府 / 社会机构组织的招聘会

○ 网络求职　○ 其他 _____

54. 您在选择单位时对下列因素的重视程度是 [矩阵量表题] [必答题]

	非常重视	比较重视	一般	不太重视	根本不重视
行业及其发展前景	○	○	○	○	○
公司环境及企业文化	○	○	○	○	○
培训提升及晋级机会	○	○	○	○	○
经济收入及福利待遇	○	○	○	○	○
地理位置和工作环境	○	○	○	○	○
单位性质	○	○	○	○	○
职业稳定性	○	○	○	○	○
专业对口性	○	○	○	○	○
个人兴趣和爱好	○	○	○	○	○
社会评价	○	○	○	○	○
个人发展空间大小	○	○	○	○	○

55. 您对当前大学生在新疆的就业形势总体感觉是 [单选题] [必答题]

○ 十分乐观　○ 乐观　○ 一般　○ 严峻　○ 非常严峻

56. 您认为目前造成高校学生就业困难的主要因素 [多选题] [必答题]

□ 个人知识能力储备不够　□ 自我定位不够准确

□ 缺乏家庭背景和社会关系　□ 专业不对或专业面太窄

□ 学校不知名　□ 缺乏工作或实践经验

□ 用人单位招录条件苛刻　□ 其他 _____

57. 新疆是丝绸之路经济带的核心区,您认为核心区的建设对新疆就业形势有何影响 [单选题] [必答题]

○ 极大促进就业,影响巨大　○ 能促进就业,但影响不大

○ 不能促进就业,影响一般　○ 不太清楚

58. 您现在有信心毕业时找到一份合适的工作 [单选题] [必答题]

○ 有,相信能找到一份合适的工作

○ 虽然找到的工作不一定很喜欢,但是就业应该没问题

○ 找不到合适的工作,只能做些临时性的工作勉强维持生活

○ 一点信心都没有,一毕业就要失业

○ 其他 _____

59. 您认为您所学的专业是否容易找到工作 [单选题] [必答题]

○ 非常容易　○ 比较容易　○ 一般

○ 很难找到　○ 根本找不到

60. 您认为求职中最大的障碍是 [多选题] [必答题]

□ 知识水平不高　□ 实习经验不够　□ 个人形象不好

□ 基本能力不强　□ 个人性格问题　□ 家庭背景不够强大

□ 缺乏清晰的职业规划　□ 其他 _____

61. 您是否认为用人单位选拔中存在的不正之风导致大学生就业难 [单选题] [必答题]

○ 非常赞同　○ 基本赞同　○ 一般　○ 不赞同　○ 根本不赞同

62. 您是否认为用人单位招聘要求过高导致大学生就业难 [单选题] [必答题]

○ 非常赞同　○ 基本赞同　○ 一般　○ 不赞同　○ 根本不赞同

第四部分 创业意愿

63. 您打算毕业后是先就业还是先创业 [单选题] [必答题]
○ 先就业　○ 先创业　○ 升学　○ 说不好

64. 您是否有创业意愿 [单选题] [必答题]
○ 从未有过　○ 有,犹豫不决　○ 有,正在创业或策划中

65. 您认为您当前没有实施创业行为的原因是 [多选题] [必答题]
□ 学业太忙,时间不够　□ 缺乏创业经验
□ 启动资金不足　□ 没有找到合适的项目
□ 没有合适的创业伙伴　□ 缺少场地和必要设施
□ 当前创业氛围不浓厚　□ 其他 _____

66. 您打算创业的最主要原因是(至多三项) [单选题] [必答题]
○ 个人理想　○ 有好的创业项目,预期收入高
○ 受他人邀请　○ 难找到合适的工作
○ 其他 _____

67. 您打算什么时候开始创业 [单选题] [必答题]
○ 大学在读期间　○ 大学毕业
○ 毕业积累几年工作经验后　○ 待有较高学历后

68. 您打算创业的形式是 [单选题] [必答题]
○ 合伙创业　○ 家庭创业　○ 自己创办公司
○ 个体商户　○ 其他 _____

69. 您打算创业的领域 [单选题] [必答题]
○ 所学专业相关领域　○ 兴趣爱好领域
○ 社会热点领域　○ 启动资金少、容易开业且风险较小的

领域
　○ 其他 ＿＿＿＿＿＿＿＿＿＿＿＿＿＿＿＿

70. 您会优先选择在哪创业 [单选题] [必答题]
　○ 北上广等大城市　○ 内地省会城市　○ 沿海其他城市
　○ 中等城市　○ 小城市　○ 北疆
　○ 南疆　○ 其他 ＿＿＿＿＿＿＿＿＿＿＿＿＿＿

71. 您打算创业的启动资金 [单选题] [必答题]
　○ 1 万元以下　○ 1-5 万元　○ 6-10 万元
　○ 11-20 万元　○ 20 万元以上

72. 您会选择哪些渠道筹措创业资金 [单选题] [必答题]
　○ 父母支持　○ 亲友借贷　○ 同学集资
　○ 银行贷款　○ 风险投资基金　○ 参加高校学生创业大赛
　○ 其他 ＿＿＿＿＿＿＿＿＿＿＿＿＿＿

73. 您打算创业的场地 [单选题] [必答题]
　○ 学校创业孵化基地　○ 政府创业孵化基地
　○ 自有场地　○ 租赁场地
　○ 其他 ＿＿＿＿＿＿＿＿＿＿＿＿＿＿

74. 您不打算创业或犹豫不决的原因是 [多选题] [必答题]
　□ 对创业不感兴趣　□ 可以找到合适的工作
　□ 失败的后果难以承担　□ 家庭不支持
　□ 对创业前景持悲观态度　□ 其他 ＿＿＿＿＿＿＿＿

75. 您认为造成大学生创业困难的主要原因有哪些 [多选题]
[必答题]
　□ 个人能力不足缺乏创业经验　□ 缺乏有效创业指导
　□ 行政审批手续烦琐　□ 缺乏创业场地
　□ 资金匮乏　□ 缺乏好的创业项目
　□ 学校创业教育落后　□ 家庭不支持
　□ 缺少创业伙伴

76. 您在校期间是否接受过就业及创业指导 [单选题] [必答题]

○ 是 ○ 否

77. 您认为学校的创业教育可能存在哪些问题 [多选题] [必答题]

□ 老师的知识与能力不足 □ 只注重书本知识,针对性不强
□ 缺少创业实践机会 □ 创业的氛围不足
□ 其他 ＿＿＿＿＿＿＿＿＿＿＿＿＿＿＿＿＿＿

78. 您对学校的创业指导课总体评价 [单选题] [必答题]

○ 没什么用,不满意 ○ 很枯燥,缺乏针对性
○ 一般 ○ 很有用

79. 您最希望获得哪些方面的创业教育 [多选题] [必答题]

□ 创业的程序 □ 创业项目介绍 □ 创业经验介绍
□ 创业计划书的准备与介绍 □ 获取创业资金的渠道
□ 创业理念 □ 创业政策 □ 其他 ＿＿＿＿＿＿＿＿＿

80. 您认为学校应该为创业的学生提供什么样的帮助 [多选题] [必答题]

□ 给予创业政策的咨询 □ 给予创业实操的指导
□ 协助申请创业小额贷款 □ 提供创业启动资金
□ 提供办公场地 □ 指导学生参加创业大赛
□ 其他 ＿＿＿＿＿＿＿＿＿＿＿＿＿＿＿＿＿＿

81. 您对学校创业服务工作的总体评价是 [单选题] [必答题]

○ 很不满意 ○ 不满意 ○ 一般 ○ 比较满意 ○ 非常满意

第五部分 国家就业政策认知

82. 您对国家鼓励大学生到基层就业政策的了解程度是 [单选题] [必答题]

○ 没有听说 ○ 听说一点 ○ 大致了解 ○ 详细了解

83. 您对新疆(含兵团)基层就业政策的了解程度是 [单选题] [必答题]

○ 没有听说　○ 听说一点　○ 大致了解　○ 详细了解

84. 您是否愿意到基层和艰苦地区就业 [单选题] [必答题]

○ 愿意　○ 不愿意　○ 暂未考虑

85. 若您愿意到基层和艰苦地区就业,是因为 [多选题] [必答题]

□ 锻炼自己工作能力　□ 为基层经济发展做贡献

□ 为自己今后发展　□ 找不到其他工作时可作暂时出路

□ 离家近　□ 其他 _____

86. 如果考虑基层就业,您会选择哪些领域 [多选题] [必答题]

□ 村级组织　□ 乡镇政府机关　□ 社区街道办事处

□ 小型民营企业　□ 自主创业　□ 乡镇企业

□ 其他 _____

87. 如果考虑基层就业,您的地区选择是 [单选题] [必答题]

○ 东部地区　○ 中部地区　○ 西部地区

○ 家乡所在地　○ 其他 _____

88. 您对去基层就业薪酬的期望值是(试用期后的税后月工资) [单选题] [必答题]

○ 2000 元及以下　○ 2001—3000 元　○ 3001—5000 元

○ 5001—8000 元　○ 8000 元以上

89. 您不愿选择到基层就业的主要原因是 [多选题] [必答题]

□ 待遇较差　□ 用工不规范　□ 工作不稳定

□ 合法权益难以维护　□ 信息不畅通

□ 地方偏远,生活条件艰苦　□ 政府关注和投入力度不够

□ 对基层就业政策的落实缺乏信心　□ 觉得是人才资源的浪费

□ 怕下去后上不来　□ 其他 _____

第六部分　就业结果

（此部分仅为应届毕业生和已经毕业的学生填写,若为低年级在校生,您的问卷调查已结束!）

90. 在择业过程中您一共向多少个单位求过职：[单选题] [必答题]

　　○ 1—2个　　○ 3—4个　　○ 5—6个

　　○ 7—8个　　○ 8—9个　　○ 10个以上

91. 您成功寻找到第一份工作是在什么时候 [单选题]

　　○ 毕业前　　○ 毕业后3个月内　　○ 毕业后3-6个月

　　○ 毕业后6-12个月　　○ 毕业后12-18个月　　○ 18个月以上

92. 您为寻找工作而花费的相关费用（如服装、交通费等）估计共_____元

　　提示：请填写阿拉伯数字

93. 您目前是否已找到工作 [单选题] [必答题]

　　○ 是　　○ 否（请跳至问卷末尾,提交答卷）

94. 您目前找到的工作与您所学专业的相关程度为 [单选题] [必答题]

　　○ 完全对口　　○ 基本对口　　○ 有一些关联

　　○ 根本不对口　　○ 不清楚

95. 用人单位是否承诺给您办理五险一金（即养老保险、医疗保险、失业保险、工伤保险、生育保险和公积金）[单选题] [必答题]

　　○ 是　　○ 否

96. 您对目前找到的工作满意度如何 [单选题] [必答题]

　　○ 非常满意　　○ 比较满意　　○ 一般　　○ 不满意

　　○ 根本不满意

97. 您确定工作单位的所在地是 [单选题] [必答题]

　　○ 国（境）外　　○ 沿海开放城市　　○ 疆外省会城市

　　○ 疆外中小城市

○ 家乡所在的县市　○ 北疆地区　○ 南疆地区
○ 其他　_____

98. 您确定工作所在单位的性质是 [单选题] [必答题]
○ 党政机关　○ 事业单位　○ 国有企业　○ 民营企业
○ 三资企业(中外合资、中外合作、外商独资)
○ 部队　○ 其他　_____

99. 您确定现在所在单位的月平均收入(包括工资、奖金及福利)[单选题] [必答题]
○ 2000 元及以下　○ 2001—3000 元　○ 3001—5000 元
○ 5001—8000 元　○ 8000 元以上

问卷到此结束,感谢您的配合,如问卷无法提交,请根据提示检查是否有题

目遗漏未填。最后祝您身体健康,事业有成。

附件 2:《家庭资本对新疆高校大学生就业认知影响》访谈提纲

1. 被调查者基本状况
2. 籍贯及生源地情况
3. 高校及就读专业
4. 学生会及学生社团工作经历
5. 在校期间学业成绩及获奖情况
6. 父母学历、职业(如有兄弟姐妹,则包括兄弟姐妹的学历、职业)
7. 父母所在城市(如有兄弟姐妹,则包括兄弟姐妹所在城市)
8. 家庭经济状况(年收入、房子面积、产权、车辆)
9. 亲属中是否拥有令被访者羡慕的职业(或被访者认为亲属中有没有成功人士)
10. 父母在你求学和求职过程中扮演什么样的角色,主要提供哪些方面的支持

11. 父母对你哪些方面影响比较大

12. 最终就业的性质

13. 工资福利待遇

14. 工作是否和专业对口

15. 对当前工作是否满意（相对于自身还是其他人）

16. 最终就业获取渠道

17. 有效获取就业信息途径有哪些

18. 共经历几次面试笔试

19. 被访者认为最终用人单位为何会录取被访者

20. 就业过程中是否动用过社会关系？如有,动用过几次

21. 中间人居于何种职位,提供何种帮助（就业信息、打招呼、提供就业岗位）

22. 身边是否有动用社会关系找工作的,这种现象是否普通

23. 寻找工作的周期

24. 应聘成功比例

25. 成功原因

26. 怎样看待求职这个过程（简单、容易）

27. 求职过程中自身能力和家庭资本哪个更重要

参考文献

[1] Bourdieu. P. The forms of captical.Richardson , J. Handbook of Theory and Research for the Sociology of Education [M]. New York: Greenwood Press ,1986.

[2]J. S. Coleman, Social Capital in the Creation of Human Capital [J]. American Jouranl of Sociology ,1988,94 (1).

[3]Marjoribanks K, Mboya M.Family Capital, Goal Orientaions and South African AdolescentsSelf-concept: Amoderation-mediation mode[J]. Educational Psychology,2001 (3).

[4]Goddard D.Relational Networks, Social Trust and Norms; A Social CapitalPerspective on Students Chances of Academic Success[J]. Educational Evaluatior and Poficy Analysis,2003 (1).

[5]M. Hellman. Job Satisfaction and Intent to Leave[J]. Journal of Social Psychology,1997,137(6).

[6]Diener Oishi, R.E.Lucas.Value as a Moderator in Subjective Well-being[J].Journal of Personality,1999,67 (2).

[7]Albert Rees, Wayne Gray, Family Effects in Youth Employment [J]. National Bureau of Economic Research. 1982: 453 - 474.

[8] Ronald Nyirongo,Family effects on students' achievement in Thailand and Malawi [J]. Sociology of Education, Vol. 62, No. 4 (Oct.,1989).

[9] Sabrina, W. P., The role of the family in determining

youth employment [J]. the Joint Center for Poverty Research Working Paper Series, No. 151, 2000.

[10] Moerbeek Hester, Wout Ultee & Henk Flap, That's What Friends Are For: Ascribed and Achieved Social Capital in the Occupational Career[J]. The European Social Network Conference, London.1995.

[11] Barbieri P Household, Social Captial and Labour Market Attainment [J]. ECSR Workshop. Berlin: Max Planek lnst Hum. Dev. Educ. August. l996.

[12] Husung, Ray-May & Ching-Shan Sun, Social Resources and Social Mobility: Manufacturing Employees[J]. Taiwai: National Science Council. 1988.

[13] Hsung, Ray-May & Hwang, Yih-Jib, Social Resources and Petit Bourgeois [J]. Chinese Sociological Quarterly（16）. 1992.

[14] Bian, Bringing Strong Ties Back in: Indirect Connection, Bridges, and Job Search in China [J]. American Sociological Review（62）.1997.

[15] Portes, A., Social Capital: Its Origins and Applications in Modern Sociology [J]. Annual Review of Sociology, 24, 1998.

[16] 李黎明, 张顺国. 影响高校大学生职业选择的因素分析—基于社会资本和人力资本的双重考察 [J]. 社会, 2008, Vol.28（2）.

[17] 郑洁. 家庭社会经济地位与大学生就业 [J]. 北京师范大学学报(社会科学版), 2004（3）.

[18] 徐晓军. 大学生就业过程中的双重机制: 人力资本与社会资本 [J]. 青年研究, 2002（6）.

[19] 韩翼祥, 翁杰, 周必彧. 中国大学生的就业决策和职业期望——以浙江省为例 [J]. 中国人口科学, 2007（3）.

[20] 高明, 姜超. 家庭社会资本对高职大学生期望月薪的影

响研究——基于安徽 S 高职学院 2009 届毕业生的调查 [J]. 煤炭高等教育, 2010, Vol.28（6）.

[21] 陈成文, 谭日辉 . 人力资本与大学毕业生就业关系——基于 2003、2004 届大学毕业生的实证研究 [J]. 高等教育研究, 2004, Vol.25（6）.

[22] 宛恬伊 . 大学生职业地位获得实证研究 [J]. 青年研究, 2005（12）.

[23] 况源 . 充分发挥家庭因素在大学生就业过程中的作用[J]. 重庆工商大学学报, 2007, Vol.24（3）.

[24] 文东茅 . 家庭背景对我国高等教育机会及毕业生就业的影响 [J]. 北京大学教育评论, 2005（3）.

[25] 郑晓涛, 李旭旦, 相正求 . 社会资本和人力资本对大学生就业的影响 [J]. 高等教育研究, 2006, Vol.27（8）.

[26] 赵岚 . 如何发挥家长在大学生就业中的正确引导作用[J]. 就业理论, 2006.

[27] 徐挺, 苏磊 . 家庭的精英期望对大学生就业的影响 [J]. 职业时空, 2008：53.

[28] 田亚伟, 于水 . 社会资本与大学生就业研究：关于国内文献的综述 [J]. 河北青年管理干部学院学报, 2011（6）.

[29] 钟昌红 . 文化资本对大学生就业影响的实证研究 [J]. 出国与就业, 2011.

[30] 钟昌红, 张叶青 . 家庭文化资本对高等教育公平的影响——基于 3 所高校的实证研究 [J]. 教育探索, 2011（25）.

[31] 卢昊 . 家庭背景对高等教育获得及规划的影响 [J]. 当代教育理论与实践, 2012, Vol.4（8）.

[32] 仇立平, 肖日葵 . 文化资本与社会地位获得——基于上海市的实证研究 [J]. 中国社会科学, 2011（6）.

[33] 储叶青 . 大学生文化资本积累现状与提升路径 [J]. 合作经济与科技, 2012（12）.

[34] 高耀 . 人力资本与家庭资本对高校学生就业的影响：基

于调研数据的实证研究 [D]. 南京农业大学，2011.

[35] 潘国锋. 家庭资本对大学毕业生就业实现影响的实证研究——基于江西省大学毕业生的调查 [J]. 中国大学生就业，2013（12）.

[36] 张杨. 家庭资本与研究生就业认知——基于"211"高校的实证研究 [J]. 高教探索，2018（1）.

[37] 汪蕾. 心理资本、家庭资本对大学生就业倾向影响研究 [D]. 黑龙江大学，2016.

[38] 高耀. 人力资本、家庭资本与大学生就业认知——基于江苏省 20 所高校的经验研究 [J]. 中国人民大学教育学刊，2012（6）.

[39] 阳镇，李烜. 民族地区农村大学生就业选择的实证研究——基于人力资本与家庭资本的视角 [J]. 农业部管理干部学院学报，2015（3）.

[40] 李路路，孙志祥. 透视不平等——国外社会阶层理论 [M]. 北京：社会科学文献出版社.2002.

[41] 孙祥. 大学生就业区域流向及引导策略研究 [D]，合肥工业大学，2011.

[42] 赵淑媛. 女校大学生就业认知的现状及其对就业心理的影响 [J]. 中国科教创新导刊，2011（29）.

[43] 付嘉. 高职院校在校学生的就业认知分析及对策 [J]. 学园（教育科研），2012（24）.

[44] 黄娟，万品敬，夏菲菲. 大学生就业认知调查研究 [J]. 现代商贸工业，2009（20）.

[45] 冯蓉，研究生就业状况的调查与思考——基于北京某高校 2012 届毕业研究生的调查 [J].《高校辅导员学刊》，2013（3）.

[46] 曾丽，翁时秀，李丽霞. 旅游专业本科生择业标准及其对旅行社的就业认知 [J].《旅游学刊》，2012（10）.

[47] 魏春楠，胡杨，冯瑛，徐鹏. 农学专业大学生就业心理与就业意向调查研究 [J].《才智》，2012（31）.

[48] 董健. 教学型本科院校大学生就业认知心理状况——以福建省某学院为例 [J].《宜宾学院学报》,2013（5）.

[49] 赵艳晓,余兵兵,刘翳菲,程绍珍. 大学生社会支持与就业压力之间的关系 [J]. 南京工程学院学报(社会科学版),2012（2）.

[50] 於莉. 改革开放以来大学生就业认知的变迁——基于社会与制度演进的视角 [J]. 现代教育管理,2011（11）.

[51] 卢琰. 大学生就业认知消极评价状况调查 [J]. 法制与社会,2013（35）.

[52] 陈宏军,李传荣,陈洪安. 社会资本与大学毕业生就业绩效关系研究 [J]. 教育研究,2011（10）.

[53] 黄敬宝. 人力资本、社会资本对大学生就业质量的影响 [J]. 北京社会科学,2012（3）.

[54] 郑茂雄. 家庭社会资本与大学生就业满意度关系研究 [J]. 高教探索,2012（2）.

[55] 涂晓明. 大学毕业生就业满意度影响因素的实证研究 [J]. 高教探索,2007（2）.

[56] 钟秋明,郭园兰. 社会资本影响高校毕业生就业观的实证研究 [J]. 高教探索,2016（3）.

[57] 中华人民共和国 2019 年国民经济和社会发展统计公报 [EB/OL]., https://tech.sina.com.cn/roll/2020-02-28/doc-iimxxstf5048924.shtml

[58]2019 年新疆地区生产总值同比增 6.2%[EB/OL]., http://www.xinjiang.gov.cn/xinjiang/tjsj/202001/d4f17b679bf242dba550c068d3e53e16.shtml

[59] 陈玉萍,发扬"胡杨精神"开创新疆高等教育发展新局面 [J]. 新疆财经大学学报,2019 年 01 期

[60] 刘珊珊. 人力资本对新疆不同区域产业结构升级影响的实证研究 [D]. 新疆大学,2019.